ちくま学芸文庫

小島 毅

筑摩書房

目次

まえがき

本書は中国宋代に成立した朱子学と明代に流行した陽明学について、その教説内容を思想文化史的に解説したものである。

「思想文化史的に」とは、いわゆる哲学的な解読・分析ではなく、この二つの学派が誕生した時代背景と問題意識に焦点をあてながら、「なぜ彼らはそう考えたのか」を明らかにすることを企図したという意味である。このような手法は、あるいは、対象とする思想を過去の遺物として単に知的好奇心を満たすために扱っているように思われるかもしれない。しかし、実は逆なのであって、教説内容そのものを学習するだけではなく、その教説が生まれた由来を学ぶことは、異なる社会状況・文明環境に生きるわたしたちに、問題解決のための「考えるヒント」を与えてくれる。本書もそうした役に立てばと念じて書いたつもりである。

わたしたち日本人にとって――厳密に言えば、日本語を使用して思索する者にとって――、朱子学・陽明学との縁は深い。明治の文明開化で啓蒙されて以降、西洋近代の流儀にしたがって理性的な思考活動をおこなっているつもりになってはいるが、「文明」とか

「啓蒙」とか「理性」とかいった術語は、いずれも儒学の素養をそなえた先人が、該当する西洋の概念を翻訳した漢語の語彙である。もちろん、それらの用語は翻訳語として用いられるうちに、以前の用法と異なる意味内容を獲得したわけだが、わたしたちがものを考えている時に、無意識のうちに旧来の漢語の意味がそこにすべりこみ、原語の概念とは若干ずれた思考をしているような気がする。おっと、「気」も中国思想で重要な術語であった。

今の自分たちとは違う文明社会の思想でありながら、つながる面も持ちあわせている思想。この二面性をきちんと把握することで、儒学・儒教に対する態度を各自が確立できるようになるであろう。先行き不透明なこの時代、巷間書肆《しょし》に「〇〇に学ぶ」式の安直な啓蒙書が並ぶのを見るにつけ、厳密な意味で学術的にこうした思想に向かい合うことが求められている。本書を通して読者諸賢が旧来の俗説とは異なる朱子学像・陽明学像を持つようになっていただければ幸いである。

二〇〇三年四月十日

本郷の研究室にて

小島 毅

文庫版まえがき

朱子学と陽明学。本書を手に取っている読者諸賢なら、それらの名は聞いたことがおありだろう。では、「この二つは何が違うの？」という問いに、どうお答えになるだろうか。「朱子学は性即理、陽明学は心即理」。そう受験勉強で覚えた人が多いことだろう。この答えはまちがいではない。だからこそ、教科書や参考書にはそう書いてあるのだ。

では、「性即理とは？ 心即理とは？」とさらに詰問されたらどう解答するだろうか。

本書は朱子学・陽明学が、どのような時代状況のなかから誕生し、何をめざしていたかを解説する。そうすることで、なぜ朱子学は性即理を唱え、陽明学が心即理を語るにいたったかの過程を明らかにする。すなわち、思想史的にこの二つの流派について述べていく。

その際、二つの思想潮流の異同を明快に説くため、思想家らの教説を時系列に順序立てて紹介するような体裁はあえてとらなかった。各章ごと、朱子学と陽明学とを対比しながら解説するかたちをとった。このねらいは、われながらうまく達成することができたのではないかと思う。ただ、その一方で全体の大まかな筋書きが見えにくくなったきらいがないともいえない。そこで、この文庫版では、あらかじめ物語の背景をかいつまんで述べておきたい。

孔子（紀元前五五二または五五一〜四七九年）を開祖とする儒家は、彼の死後、弟子・孫弟子・ひまご弟子たちによって継承発展せられ、紀元の前後（すなわち、イエスが生まれたころ）に王朝体制を支える思想となった。以後二千年間、紆余曲折はあったにせよ、儒教は中華帝国の支柱だった。中国のみではない。孔子の教えは韓国やベトナム、さらに海を渡って日本にも伝わり、それぞれの国で国家形成の際に重要な役割を果たした。この体制は、一九世紀後半以降、東アジアで西洋式の主権国家概念が受容され、それぞれが近代国家に変質するまで続いた。儒教は近代以前の旧体制の象徴であった。

ただ、この二千年間、儒教が何も変わらなかったわけではない。ここは研究者によって見解が分かれるところだが、私は一一〜一二世紀に新しく生まれた思潮が、そのなかでも最も大きな変化だったと考えている。この思潮は、朱子学と陽明学の二つによって代表される（清朝考証学については、本書第13章で私見を述べている）。

朱子学も陽明学も、孔子の意図を正しく受け継ぐことを標榜している。その点で、主観的には彼らは新しい思想を唱えたわけではない。むしろ、従来の儒教（朱子学にとっては漢代以来の儒教、陽明学にとっては朱子学）が孔子の真意をゆがめているので、それを正し、天下国家をきちんと導こうという意思が、彼らの思索の基礎にあった。今の私たちの判断基準（基本的人権とか科学主義とか）からすると、旧套《きゅうとう》で頑迷に思える内容ではあるけれども、彼ら自身にとっては孔子の教えを受け継ぐことこそ、人類の使命だったのである。

ここまでの記述でおわかりかと思うが、私は彼らを研究対象として突き放す立場をとっている。私自身は朱子学者でも陽明学者でもない。したがって、本書は朱子学・陽明学の教説内容それ自体の価値を宣伝するものではないし、それらの欠陥をあげつらって批判するための書物でもない。そうではなく、歴史的な経緯のもとに誕生して多くの信奉者を集めた、近世儒教を代表する思想流派として、この二つを比較対照する趣旨でまとめている。研究者としての私の手法は、過去に存在した思想教説を彼らの意図に即して解析することである。

この公平・公正な解析作業は、歴史をきちんと認識するために必要だというのが、私の考えである。ともすると、歴史を直視せず、自分にとって都合がよい事象のみを眺めて自己肯定したがるやからが、世間には多い。「イヤなものは見たくない」というのが人間の本性だと言ってしまえばそれまでだろうが、それでは鏡に映る自分の姿を直視することもできまい。

儒教は中国生まれでありながら、韓国や日本の思想文化に多大な影響を与えた。いや、「影響」などという語ではすまないくらいに、血肉化された。しかしまた、それぞれの国柄（民族性として太古の昔から本来的にそうだったというより、歴史的な諸事情によって形成された国ごとの性格）により、同じ看板を掲げていてもいろいろと異なる点がある。朱子学・陽明学も、そうした異同を東アジア各国間で持っている。中国や韓国のことを理解するには、このことをわきまえておく必要があろう。それは「どちらが優れているか」という次元の問題ではないのだ。

話がいささか抽象的で理屈っぽくなってしまった。「理」が立つのは、私が研究対象たる朱子学にどっぷり染まっているからだろうか。本書への批評は、読者諸賢が持っている(西洋近代哲学でいうところの)理性に期待したい。

小島 毅

朱子学と陽明学

第1章 朱子学・陽明学とは何か

これから全十五章にわたって、「朱子学と陽明学」と題して中国近世儒教を代表する二つの流派の思想について講義していく。その導入として、この章は、通俗的な理解がはらむ問題点を指摘することによって、本書が何を意図しているかを述べる。

1 辞書に見える定義

本書の主題、朱子学と陽明学とについて、まずは、辞書の定義として岩波書店の『広辞苑』(第五版)の説明を引用しよう。あとで補足説明をすることになるけれども、この辞書を取り上げたのは、これが短い字数のなかに、現在標準的な説明として流布している内容を盛り込んでいるからであって、その意味では高く評価したうえでのことであることをあらかじめ断っておく。

しゅし・がく【朱子学】

南宋の朱熹が、北宋以来の理気世界観に基づいて大成した儒学の体系。宇宙を、存在としての気と、存在根拠・法則としての理と、二元論的にとらえ、人間においては前者が気質の性、後者が本然の性となり、本然の性に理がそなわるとして性即理の命題をうち立て、この理の自己実現を課題とした。方法として、格物致知・居敬窮理・主敬静坐など。理としての規範や名分を重視するところから、以後、明代・清代を通じて封建的身分制的秩序イデオロギーとして体制教学化され、李氏朝鮮や江戸時代の日本にもその面から導入された。日本の藤原惺窩・林羅山・木下順庵・室鳩巣・山崎闇斎・柴野栗山・尾藤二洲らを朱子学派と呼ぶ。

ようめい・がく【陽明学】

明の王陽明が唱えた儒学。初め朱子学の性即理説に対して心即理説、後に致良知説、晩年には無善無悪説を唱えた。朱子学が明代には形骸化したのを批判しつつ、明代の社会的現実に即応する理をうち立てようとして興り、やがて、経典の権威の相対化、欲望肯定的な理の索定などの新思潮が生れた。日本では、中江藤樹・熊沢蕃山、また大塩中斎らに受け入れられた。王学。心学。

朱子学は南宋《なんそう》（一一二七～一二七六）の朱熹《しゅき》、陽明学は明《みん》（一三六八～一六四四）の王陽明《おうようめい》（本名は王守仁《おうしゅじん》）によって樹立された。右の解説にあるとおり、陽明学とは朱子学に対する批判言説として生まれたものであり、明代後半すなわち西暦一六世紀後半から一七世紀前半には、朱子学を護持する人たちと新進の陽明学者たちとの間で激しい論戦が繰り広げられた。それは日本では安土桃山時代から江戸時代初期にあたり、この二つの学派が、互いに論争している状態で同時に流入することとなったのである。

2 日本における受容史の特徴

ただし、このことが、日本における両学派受容の大きな問題点ともなった。その時点で朱子学はたしかに中国および朝鮮においてはすでに体制教学であった。しかし、江戸幕府がそれを承知して最初から朱子学を官学と認定していたわけでは決してない。幕府当局者の間でも、林羅山《はやしらざん》が説く学説はほとんど理解されていなかった。彼は学術顧問・外交担当者として登用されたのであって、朱子学が「上下定分《じょうげていぶん》の理《り》」を説くものとして、はじめから幕藩体制を支えるイデオロギーであったというのは、後世からさかのぼって形成された虚像にすぎない。

そもそも、藤原惺窩《ふじわらせいか》や羅山の教説は、朱熹その人に忠実というよりは、明代になって陽明学との論争を経、さらに朝鮮において李滉《りこう》（退渓《たいけい》）らによって整理された新たな理気世界観によるものであった。朱熹に帰ることを標榜した山崎闇斎《やまざきあんさい》の学説も、朱熹が置かれていた歴史的・社会的環境を顧慮せず、純粋に書物を通じてのみ形成された表象に基づく朱子学の再構成であり、本場中国の朱子学からは大きくはずれたものになっていた。

同じことは中江《なかえ》藤樹《とうじゅ》や大塩中斎《おおしおちゅうさい》（平八郎《へいはちろう》）の陽明学についても言える。彼らが陽明学の書物に親しみ、そこから自分の教説・実践の糧を得ていたことはたしかだが、明代における陽明学流行の基盤とは全く異なる文脈において、自己流に陽明学を理解したうえで自説を展開したにすぎない。

彼らをひとくくりに陽明学派の範疇に入れたのは、明治時代の日本の学者たちである。高瀬《たかせ》武次郎《たけじろう》の『日本之陽明学』（一八九八年）がそのはしりであり、井上《いのうえ》哲次郎《てつじろう》『日本陽明学派之哲学』（一九〇〇年）によって広く定着した。内村鑑三《うちむらかんぞう》が英語でまとめた『代表的日本人』（一八九四年）は、西郷隆盛《さいごうたかもり》が陽明学者であったという見解を欧米に広める効果があった。同じく新渡戸《にとべ》稲造《いなぞう》の『武士道』（一八九九年）も武士道精神の基礎として陽明学に言及している。

したがって、日本においては、明治以来、朱子学と陽明学とを、近世儒教を代表する二大流派として並列的に捉えるのが普通であった。両者が発生時期を異にすることはもちろん知られてはいたが、その歴史性について議論されることはほとんどなく、両者の思惟構造の相違に着目した分析が行われてきた。井上哲次郎は両者の相違点をこう述べている。

但々朱子学が官府の教育主義なるが故に陽明学は主として民間の学者によりて主張せられ、自ら官民の別を成し、陽明学は殆んど平民主義の如くになれり。(『日本陽明学派之哲学』叙論)

井上哲次郎は、『勅語衍義』(一八九一年)執筆を政府から委託され、また、いわゆる内村鑑三不敬事件では「教育と宗教の衝突」(一八九二年)を著して内村攻撃の急先鋒であった人物として、明治政府の御用学者として記憶されている。『日本朱子学派之哲学』(一九〇六年)の序文に見える次の一節は、戦勝の興奮さめやらぬ彼の意気込みを感じさせる。

今や日露戦争已に終結を告げ、我邦の威光、大に宇内に発揚するに随ひ、欧米の学者、漸く我邦の強大なる所以を究明せんとす。斯時に当りて徳川氏三百年間我邦の教育主義となりて、国民道徳の発展上に偉大の影響を及ぼし、朱子学派の史的研究、豈に亦一日も之を忽にして可ならんや。

こうした研究態度には、服部宇之吉《はっとりうのきち》・高瀬武次郎・宇野哲人《うのてつと》らによって形成された「支那哲学」という学術編制のあり方も大きく関わっていた。欧米の哲学、特にドイツ観念論の流儀で、それと同様に中国思想を語ろうとする、この学問の目的から必然的な結果として、儒教のなかの〈哲学〉に親和的な側面が研究対象として選択されることになる。

朱子学・陽明学はそれに適う素材を大量に提供できる思想流派であった。そこで取り上げられることになった素材が、朱子学・陽明学が本来持っていた多面性のなかの特定の側面であることは、学界のなかでは忘却された。道徳哲学に限定してデフォルメされた理解が、国体論・皇国思想の支柱として利用されていった。戦後は、思想的・学術的にそのことが反省され、「中国哲学」は研究対象の幅を広げてきたけれども、朱子学・陽明学に対する捉え方にはなお幾分か明治以来の偏向が残っているように見受けられる。

一方、大学の外においては、「朱子学は体制教学」という表象の定着とあいまって、在野の政治運動を支える理念として陽明学がもてはやされた。大塩中斎や吉田松陰《よしだしょういん》といった、反体制派・革命派が陽明学者であったとする理解が、その背景にはある。国粋主義者や国家社会主義者、さらには戦後の右翼運動においても、陽明学の評価はきわめて高い。三島《みしま》由紀夫《ゆきお》の「革命の哲学としての陽明学」（一九七〇年）はその系譜に連なる。

そしてまた、上に立つ者の修身を説く帝王学としての側面が、朱子学・陽明学にはある。もちろん、これは上の二つの理解の型とも内在的につながるものである。その結果、指導者の内面陶冶《とうや》に資する思想的遺産として、現在でも政治家や経営者たちを惹きつけ、巷間書肆の棚をこの種の本でにぎわしている。

中国における近代以降の陽明学理解も、実は日本の明治時代の風潮を受けて再構築された可能性が高い。蔣介石《しょうかいせき》による陽明学への高い評価は、おそらく日本経由のものである。中国では清代において、朱子学・陽明学をひっくるめて〈宋学〉と呼んで批判し、みずからを〈漢学〉と称する流派が盛行していた。いわゆる考証学である。そのため、陽明学の系譜は一度断絶しており、近代におけるその復活には「明治維新の原動力」という陽明学評価が必要だったのである。ただし、蔣介石の故郷浙江省《せっこうしょう》が元来の陽明学の本拠地であったという地縁的な側面も作用しているため、因果関係を単純化することはできない。ここでは、こうした政治的文脈と並んで、学術的にも中国における中国哲学史研究が明治末期の日本の研究に倣って構築されたことだけを指摘しておこう。

朝鮮（韓国）においては、朝鮮王朝時代の儒学を主理派と主気派とに分けて整理する理論を、ソウル（当時の京城）にあって研究していた高橋亨《たかはしとおる》が提起した。もちろん、「支那哲学」を朝鮮にあてはめたのである。もともと、江戸時代の日本儒学における朱子学表象に大きな影響を与えたのが朝鮮儒学であったわけだから、こうした整理の仕方で語る朱子学・陽明学理解が受容される土壌ができていた。韓国での中国儒教研究についても、哲学重視の枠組みが継承された。

これらの理解が完全な誤りというわけではない。古今東西、既存の思想は現在の思索に資源を提供することによって変質してきた。朱子学・陽明学もそうして形成されてきたものである以上、「正しい朱子学」「正しい陽明学」の回復を唱える営為は、それ自体がその当時の視点からする一つの解釈にすぎない。たとえば山崎闇斎がやったことはまさにそれであった。

しかし、本書ではこれとは異なり、朱子学・陽明学がどのように形成され、どう変質していったかを歴史的視点に立って整理する作業を中心に据える。そのため、特定の哲学者や宗教家の言説を、その当事者の思索を追体験しながら解説していく方法とは異なる。歴史的・社会的に環境を異にする私たちにとってもこれらの思想が意味を持つとするならそれはどのようにしてなのか、そのことをテキストに沈潜するだけではなく、コンテキストをふまえて考察していこうというわけである。それによって、上述したような解釈とは異なる地平が開けてくるであろう。

3 宋学と朱子学

朱子学は宋代に興った学派であるため、〈宋学〉と呼ばれることも多い。教科書・概説書のたぐいでは両者を同義語として扱っているが、私は学問的には厳密な区別が必要だと考えている。『広辞苑』では別項目を立ててこう解説している。

そう・がく【宋学】

宋代に確立した新しい儒学。北宋の周敦頤（しゅうとんい）・張載・程顥（ていこう）・程頤（ていい）らが、陰陽五行などの伝統的観念や、老荘の学、仏教の哲理や世界観をとりこんで儒学を新しく体系づけ、南宋の朱熹が集大成。漢・唐の経学・訓詁学に対して、理学・性理学・道学ともいい、また程朱学・朱子学とも称する。近世東アジアの思想に大きな影響を及ぼした。

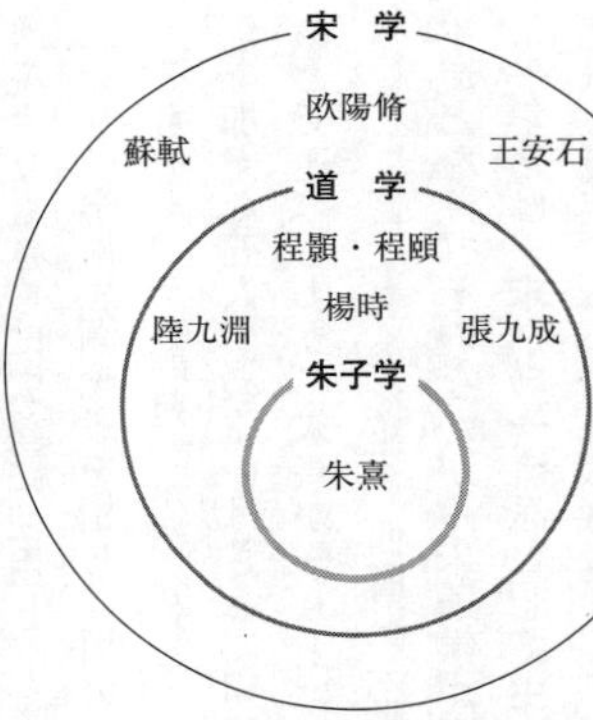

宋学・道学・朱子学の関係

すなわち、〈朱子学〉のほうで「北宋以来の理気世界観」とあったのが、この〈宋学〉のことである。〈宋学〉と〈朱子学〉との関係、別の言い方をすれば、朱子学外部のどこまでを〈宋学〉と呼ぶかについては、現在も研究者ごとに異なる見解が持たれており、定説と呼びうる共通理解はない。私個人は、〈宋学〉を上の解説よりもさらに広義に使用し、〈道学〉以外に、欧陽脩《おうようしゅう》・王安石《おうあんせき》・蘇軾《そしょく》らの思想も含めた新しい学術思潮全般を指して用いるべきだと考えている。

そもそも、『広辞苑』が紹介している北宋《ほくそう》の四人の学者——場合によっては、これに邵雍《しょうよう》を加えた五人、あるいはさらに司馬光《しばこう》を加えた六人——を朱子学の先駆とする見方自体、あとで述べるように朱熹が作り上げた作為的な系譜にすぎない。が、ともかく、北宋（九六〇～一一二七）の後半、西暦一一世紀なかばになってから、儒教のなかで新しい思潮が主流となり、そのなかから朱子学が誕生したとだけは間違いなく断言できる。したがって、朱子学とは、宋学の一流派として生まれ、やがて東アジアの思想界を席巻するにいたった流派と規定することができよう。

4　朱子学勝利への道

その過程は、中国思想史における大きな転換期と重なる。朱子学の勝利は、〈宋学〉誕生に始まる一連の教義論争の最終結果であった。それは次の四つの層に分けて捉えられる。

(1)　儒教の、仏教・道教に対する闘い。その始まりは魏晋《ぎしん》南北朝時代にさかのぼるが、理論的に宋学に先行する議論を展開したのは、唐の韓愈《かんゆ》・李翱《りこう》とされる。

(2)　儒教内部における、新しい流派の旧い流派（上の引用中に見える〈訓詁学〉）に対する闘い。韓愈にその原型が見られるが、欧陽脩らによって学界の主流派を形成するにいたった。その時期が西暦一一世紀なかばである。本書では、これら新流派全体をもって〈宋学〉と呼ぶことにしたい。

(3)　〈宋学〉内部における、〈道学〉の他の諸流派に対する闘い。主要な論敵としては、王安石が創始した〈新学〉、蘇軾の流れを汲む通称〈蜀《しょく》学〉がある。

(4)　道学内部における、朱子学と他の諸流派との闘い。朱熹登場以前に道学を代表していた楊時《ようじ》・張九成《ちょうきゅうせい》・胡宏《ここう》、同世代の呂祖謙《りょそけん》・張栻《ちょうしょく》・陸九淵《りくきゅうえん》・陳亮《ちんりょう》らの学説に対する批判を通じて、朱熹の教説が道学主流の地位を奪いとっていく。

従来の朱子学研究はこれらの区別にあまり敏感ではなく、(1)をただちに(4)に直結させていた。実際、楊時・張九成・陸九淵といった人たちには禅仏教に近い傾向が見受けられ、朱熹が彼らを批判する言説が、(1)の韓愈がおこなった活動と二重写しになっていたのである。

それが無理もないのは、朱熹自身がそう見えるように振る舞っているからであった。彼の戦術としては、道学内部での奪権闘争を、儒教の仏教に対する護教闘争と重ねている。そのため、後世の学者（現代の研究者も含む）が、朱熹の著述・発言を通してのみ回顧した場合には、上の四つの層はすべて重なっていて区別しようがないのである。

その象徴的事例が周敦頤《しゆうとんい》評価であろう。周敦頤が道学の開祖であるという位置づけは、内外のいくつかのすぐれた業績によって、歴史的事実ではないことが明らかにされた。そう主張して後学を誤らせていたのは、朱熹なのである。彼にとっては、周敦頤を孟子の後継者として〈道統〉に定位することが、周敦頤の著作である『太極図説《たいきよくずせつ》』――およびそれに対する朱熹の自己流の解釈――に基づいて樹立された彼独自の宇宙論・人間論の正当化のためには必須だった。それによって、彼は道学内部での奪権闘争に勝利しうる根拠を手に入れるからである。

したがって、論敵陸九淵がこの点においてもっとも強く反発したのも当然で、両者は書簡を通じて「無極《むきよく》太極」論争と呼ばれる論戦を展開することになる。朱熹は生涯に多くの論争を行ったが、これはそのなかでも最も力のはいった、精彩を放つ闘いであった。それだけ彼にとってこれが根本的な問題だったからである。

皮肉なことに、朱熹が力を入れたために、この論戦は朱子学勝利が確定したのちも回顧されうる学習材料となって残った。そのため、朱子学一尊の時代にあっても、朱陸の論争について、どちらを是としどちらを非とするかに関する論争の延長戦が継続していた。王守仁も朱子学批判を展開していくなかで陸九淵の再発見をする。そのため、後世、陽明学の系譜をさかのぼって陸九淵につなげ、彼らの間の時期に位置する陸九淵寄りの思想家たちを含めて、〈陸王心学《りくおうしんがく》〉と一括する呼称が生まれた。その対立概念は〈程朱性理《ていしゅせいり》学《がく》〉である。なお、中国では一般に〈宋明理《そうみんり》学《がく》〉という語によって、朱子学・陽明学をはじめとする宋金元明の、〈理〉という概念を重視する儒教を総称する。

しかし、〈性理学〉か〈心学〉かでは、両者の異同を理解することはできない。冒頭に引用した『広辞苑』の説明文は、日本における朱子学・陽明学の通説的理解を簡潔に要領よくまとめているが、そのまとめ方に欠落している部分に、事柄の重大性が示されてもいる。それは政治についてである。この説明文は哲学・倫理学としての解説ではあるが、本来儒教が持っている政治学としての側面を完全に切り捨てている。何度も言うように、それが日本における表象だから致し方ないのではあるが、そこにこそ、現在、朱子学・陽明学について語る場合の問題点がある。

朱熹が愛用した標語は「修己治《しゅうこち》人《じん》（おのれをおさめてひとをおさむ）」であった。治人のための修己。王守仁が彼の時代の朱子学を批判した理由もまさにそこにあった。本書ではむしろここに重点を置いて、通俗的理解とは異なる朱子学・陽明学像を提示していく。

第2章　士大夫の時代

前章は「朱子学・陽明学とは何か」と題して、現在一般に理解されているであろうこの二つの学派の表象を紹介し、その問題点を指摘した。この章はこれを承けて、かつての中国における朱子学・陽明学の担い手たち、いわゆる士大夫の社会的存在様態について述べる。

1　士大夫の形成

中国において朱子学・陽明学を担ったのは、士大夫《したいふ》と呼ばれる階層の人々だった。士大夫とは、もともと士と大夫という二つの単語からなる合成語である。士も大夫も古代における身分であった。儒教が太古の黄金時代として理想化して語る周《しゅう》の時代、統治者は次の五つの身分からなるとされていた。上から順に、天子（王）・諸侯《しょこう》・卿《けい》・大夫・士である。そして、この下に被治者としての庶《しょ》（もしくは民《みん》）が来る。言うまでもないことだが、これらの身分はすべて男性に与えられる。女性はそれぞれの娘もしくは妻として、この身分制秩序の中に組み込まれていた。

この身分制秩序は、王が諸侯に土地と人民を与えて統治させ、諸侯は自分の臣下である卿・大夫・士に領地を与える見返りに軍事奉仕や行政実務を担わせるという仕組みに連動していた。この仕組みを封建《ほうけん》制と呼ぶ。近代になって、西洋史のフューダリズム(feudalism)がこの制度とよく似ていると受け取られたことからその訳語となり、その引伸義として、近代社会成立以前の不平等な人間関係をも「封建」の語で呼ぶようになった。今の日本語では「封建的」とは、家の中で威張りかえっている父親のことを指して使う方が普通だが、元来は臣下に土地を与える行為を〈封建〉といったのである。

卿・大夫・士はいずれも諸侯の臣下である。天子(王)は天下全体を治めるが、同時にみずからの直轄領を持ち、そこには天子直参の卿・大夫・士がいた。江戸時代の人々は自分たちの社会制度を周の封建制になぞらえたが、まさにその通り、江戸時代の仕組みに当てはめてみると理解しやすい(ただし、こうした方法は思わぬ誤解を生む危険性も合わせ持っている。もっとも、西欧のフューダリズムに当てはめるよりは罪が軽いであろう)。各大名は徳川将軍家に臣従を誓い、それによって領地を与えられている。各大名はそれぞれ自分の臣下たちに知行を与え、藩の軍事と行政を担当させている。将軍にも直参の旗本・御家人がいて、幕府の御用を勤めている。江戸時代、大名の将軍に対するおもな奉仕は、軍役や非常時の出費、それに参勤交代であった。そして、周王が諸侯に要求したのも、軍事奉仕と〈覲《きん》〉と呼ばれる朝貢儀礼だった。江戸時代が多くの「くに」からなっていたように、周の封建制も多数の〈邦国《ほうこく》〉の集合体だった。大夫と士とは、天子もしくは諸侯に仕える軍事的・行政的奉仕者であり、多くの場合、世襲であった。

ところが、秦《しん》の始皇帝による統一帝国の出現によって、封建制は消滅する。現在の研究成果によると、必ずしも遺制が一掃されたわけではないとも言われているが、少なくとも、のちの儒教の担い手たちは、秦の制度を周の制度と正反対のものとして表象した。それは郡県制と呼ばれる。すなわち、〈皇帝〉〈王〉に代わる、帝国君主の新しい称号）は諸侯を封建せず、全国を郡およびその下位区画である県に区分し、その知事をみずから任命して宮廷から派遣する。これらの知事は一定期間任地にいるだけで、世襲ではない。当然、知事を助ける官吏たちも世襲的な封建領主ではない。中間身分としての封建領主を欠く、〈一君万民〉と呼ばれる社会編制が布かれる。

漢代に儒教が国教となり、秦の政治を激しく批判するようになっても、帝国統治のこの方式は基本的に踏襲されていった。やがて、この官僚層は、みずからのことを周の時代の〈天子直参の〉大夫や士に相当するとみなして、〈士大夫〉という熟語を用いはじめる。魏晋以降、近現代の日本の研究者によって貴族制と称されるように、官僚たちが実質的に世襲によって権力・威信を維持するようになると、〈士大夫〉という語は、特定の社会階層を指し示す用語として一般化した。もちろん、官僚たちの上層部はかつての卿になぞらえられたし、諸侯の爵位を賜る者も少なくなかったのだが、〈士大夫〉という語は、彼らを含めて政治的・社会的・文化的な支配階層を意味する用語として定着したのであった。

2　宋代の士大夫

宋代においても、状況は大筋で変わりない。ただ、一つ大きな変化は、科挙官僚制度の確立がなったということである。漢代においても、官吏は世襲ではなく、優秀な人材を現職官僚に推挙させることによって任用していた。これを〈選挙〉と呼ぶ。出身地における評価で任用するのが原則であったので〈郷挙里選《きょうきょりせん》〉ともいう。中国において〈選挙〉とは、元来、皇帝が官吏を選ぶことを意味していたのである。魏では九品官人法《きゅうひんかんじんほう》と呼ばれる推薦・採用の仕組みを作ったが、これがかえって貴族制の温床になった。隋《ずい》になって、筆記学力試験による任用、いわゆる科挙が始まり、唐代に継承される。だが、貴族制の厚い壁に阻まれて、科挙合格者は家柄無しではなかなか官僚として昇進できなかった。韓愈もその被害者の一人である。しかし、唐末五代の動乱で貴族が没落し、家柄を顧慮せず、皇帝が試験成績のみによって優秀な人材を登用できるようになった。家柄によってではなく、自分の才能によって官僚として出仕しているのだという意識を強く持った宋代の士大夫たちは、この点において唐以前の貴族的な士大夫とは区別して考えられている。

もっとも、この説明はきわめて概括的であって、実際には、宋代においても高級官僚の息子はやはり高級官僚であった。位階の高さに応じて一族の子弟を相当の官僚にする特権が制度的に保障されていただけでなく、高級官僚は社会的には地主などの資産家であることが多いため、子弟を科挙受験に向けて教育する経済的基盤があった。加えて、彼らが士大夫として生活しているその文化的環境それ自体が、子弟に対する資産として作用した。事前には秘密になっている問題に対して匿名の答案で答えるとはいっても、試験官とのさまざまな人的関係を持っている方が、実際には有利であった。したがって、万人に開かれた公平性を旨とする科挙試験制度は、その看板とは裏腹に、特定の一族から科挙合格者（進士《しんし》）を輩出して世代間継承をなさしめていく再生産機能を帯びていたということができる。

その点において、実は宋代の〈士大夫〉たちも、唐以前の貴族とさほど差異はない。ただ、たとえ高位高官の息子でも、科挙に合格して進士の資格を持たなければ、官界において昇進することはできない、もしくは仲間として認めてもらえないという風潮が存在したこと、「自分は単なる世襲ではなく、自分の実力で官界入りしたのだ」という証明を手にするために大臣の息子も科挙受験をしたということ——不正合格という抜け道はあるにせよ——が、唐までとの大きな相違点であろう。彼らは（実質はともかく名目上は）個人の資格で〈士大夫〉だったのである。

家柄ではなく個人であるとすると、士大夫と庶民との差はどこにあるのか、あるいはあらねばならないと、士大夫たち自身は思念したのか。そのことを最も見事に語ってくれているのが、范仲淹《はんちゆうえん》の「岳陽楼記《がくようろうき》」という文章である。

政府高官の職務に就いている時には民衆のことを心配し、在野の生活を送っている時には君主のことを心配する。進んでも憂え、退いても憂えるのである。では、いったいいつ楽しむというのか。天下の人々が憂えるより先に憂え、天下の人々が楽しんでのちに楽しむのだ。

最後の「天下の憂いに先立ちて憂え、天下の楽しみに後《おく》れて楽しむ」、略して〈先憂後楽《せんゆうこうらく》〉の精神こそは、宋代の士大夫たち自身が愛好し、自分たちの理想として高く掲げた文句であった。范仲淹と彼の政治改革運動（慶暦《けいれき》の改革）が後世から模範として仰がれるのも、この一点によるところが大きい。江戸時代に徳川光圀《とくがわみつくに》が自分の庭園にこれにちなんだ名をつけた理由についてはは言うまでもない。実際に彼がどんな藩主であったかはさておき、理念としてはかくあるべしと、光圀は考えていたのである。中国では南宋末の宰相賈似道《かじどう》の別荘の庭が、やはり後楽園と呼ばれていた。

朱子学は、こうした精神土壌の上に育った。范仲淹のところに時事問題としての軍略を説きに行き、「儒者が軍事を語るべきではない。『中庸』でも読みたまえ」とたしなめられて学問に志したという逸話の持ち主が、前章で『広辞苑』に出てきた宋学創始者の一人、張載《ちょうさい》である。彼の文章には次のような一節がある。

天地のために志を立て、民衆のために道を立て、昔の聖人のためにその学問を復興継承し、遠い未来のために天下太平をもたらす。（『近思録』為学大要篇）

「万世《ばんせ》の為に太平を開く」というこの気概は、宋代の新興儒教に共通する。張載より一歳年上の司馬光《しばこう》も、一歳年下の王安石《おうあんせき》も、それぞれ政治的立場を異にして論争はしたが、やはり宋代士大夫の典型と言うべき人たちである。彼らは有能な科挙官僚として頭角を現し、范仲淹の次の世代に課せられた王朝建て直しという任務をどう果たすかに苦悩した。国家の盛衰は優秀な人材を官僚として登用できているかどうか、すなわち君主の人を見る目にかかっているという、いわば儒教の古来の人治論を前面に押し出して、静態としての国家秩序の安定に腐心した保守派司馬光。旧来の統治システムの病弊を批判し、経済情勢の変質に応じた動態的な財政国家の樹立こそが周の黄金時代の再現につながると説く復古的革新派の王安石。二人の政策はその表層においては相対立するけれども、天下の秩序を政治的・社会的・経済的・文化的といったあらゆる側面から主体的に中心になって担っていくべきは、科挙官僚層すなわち士大夫であるという認識では、完全に一致していた。儒教の経書解釈が試験の中核になるべきだとする王安石の科挙改革が、その後も基本的に踏襲された理由もそこにある。

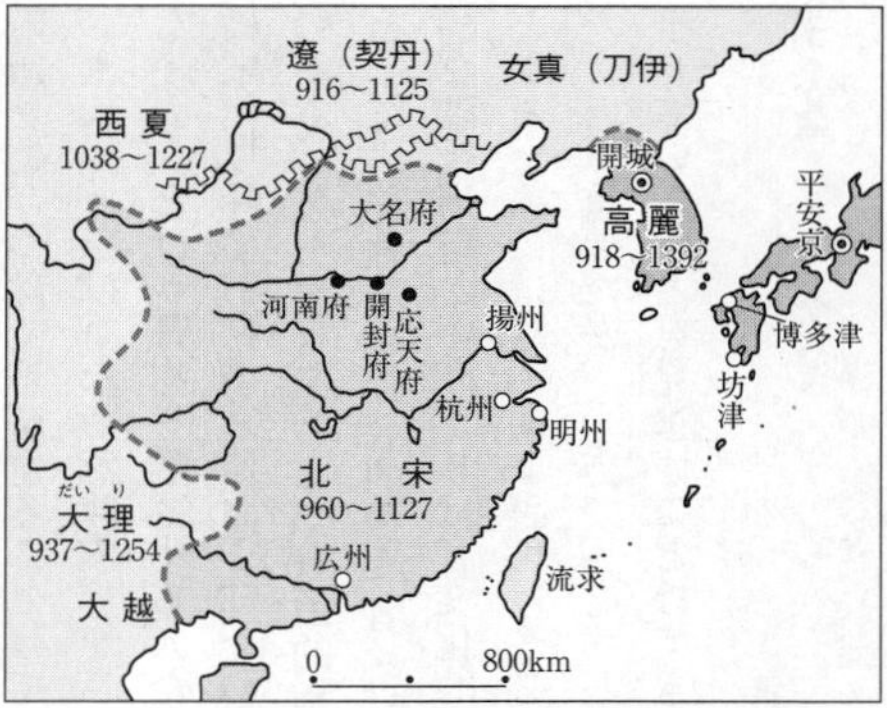

北宋時代（11世紀）の東アジア地図

史的唯物論に基づく歴史学研究では、士大夫とは地主・大商人階級出身で、その階級利益を追求する存在とみなされている。司馬光ら旧法党と王安石ら新法党との対立も、出身階層が大地主か中小地主かという差異によって説明される。朱子学は、旧法党系の流れを汲む地主階級の立場に立ったイデオロギーで、それ以前の仏教的思惟に代わって中国社会を指導する（中世的という意味での）「封建的思惟」だと規定する研究もあった。しかし、彼ら士大夫が官僚となった場合、地主などの特権階級にとって不利益になるような政策を主導することがしばしばある。彼らの思想や行動を、単純に地主・大商人階級と結びつけて理解することはできない。

士大夫とほぼ重なる意味内容を持つ語として〈読書人〉が使われていたように、そもそも士大夫とは「書物を学習する人たち」であった。この知的エリートとしての性格が、特に宋代以降の、科挙官僚およびその予備軍としての彼らのあり方を大きく規定していたのである。彼らが官僚として政治的指導者となり、また（明代以降の用語でいえば）〈郷紳《きょうしん》〉として居住地域の社会的指導者（ローカル・エリート local elite）となりえた根源は、経済的な階級出自というよりは、文化的な威信に基づいていた。たしかに、文化資本の保持者となるためには経済的な裏付けが必要で、地主・大商人であることがそれに有利に作用したことは重要だが、一方で、必ずしも裕福とは言えない家庭から多くの指導的士大夫が誕生していることを見逃すことはできない。

3 文学と士大夫

ここで士大夫が文化的側面において指導的立場にあったという点について、〈文学〉を例に取り上げてみよう。ここで文学に括弧を付けたのは、この概念の内容が近現代の文学とは微妙に異なるからである。近現代の文学概念は、もちろん西洋のリテレチャー（literature）の翻訳概念であり、もともと西洋において西暦一八～一九世紀に形成されたものである。したがって、それと全く同質な観念が宋代の中国に存在するはずがないのだが、私たちはわかっていても、往々にしてこうした当てはめによって事の真相を曲解してしまう。宋代においては（明代や清代においても）、〈文学〉とは広義における政治の場における活動だった。その顕著な事例が、古文運動である。

韓愈によって先鞭をつけられた古文運動とは、単なる文体改良運動ではない。それ以前の、四六駢儷文《しろくべんれいぶん》を美しいと考える感性に対して強烈な異議申し立てを行うことにより、それが前提にしていた政治社会秩序を覆そうとする志向を持っていた。

四六駢儷文とは、四字句や六字句からなる対句仕立ての表現を重ねていくことによって、絢爛豪華な美的世界を構築する文体である。そこで選ばれる字句はほとんどが典拠を持ち、その典拠となった作品における用法の文脈が、新しく創られた作品の世界にも浸透する。いわば繰り返しの宇宙であり、そこには変化する歴史という観念はない。つまり、現有秩序こそが理想の秩序の実現なのであり、改革は必要ないのである。すべてが先例に沿って紡ぎだされるこの文体は、世襲による現状維持志向を持つ貴族制社会に対応する。韓愈が風穴を開けようとしたのは、まさしくこの旧制＝アンシャンレジーム（ancien régime）であった。しかし、彼の時代において古文は正統となりえなかった。五代にいたるまでスタンダードは駢文であった。

ところが、宋代にはいると古文推進派が俄然活気を帯びてくる。とりわけ、范仲淹の盟友でもあった欧陽脩の登場によって、古文はついに正統派の地位を奪うことに成功する。彼も編集に参与した『新唐書《しんとうじょ》』は、唐代の史料原文が駢文であるためこれを改め、古文の文体に直して記録している。そのために近代以降の原典史料主義実証史学においては評判が悪いが、わざわざこうして前代の歴史を記録するという姿勢に、単なる文体の問題としてではなく、文明のあり方全体を規定する問題として、欧陽脩が歴史編纂作業に取り組んでいたことがうかがえる。

古文の精神とは、当然のことながら復古である。復古とは、今および今に近接する過去を批判し、過去の黄金時代を希求する志向である。つまり、古文は改革への視点を持っている。そもそも、韓愈や欧陽脩が散文の範と仰ぐ『孟子』は、孟子という復古主義思想家の改革への意志を表現した書物であった。そこでは形式美ではなく、内容が重みを持つ。欧陽脩の文体面での成果は、蘇軾一家と王安石とに継承される。韓愈を含めて、彼らがすべて唐宋八大家と称されるのは、この呼称が後世のものであるとはいえ、必然的なことでもあった。

蘇軾というと文学分野での研究が中心となっているが、当時においては王安石批判派の官僚であり、司馬光とも王安石とも道学とも異なる学風の一派を構えた儒者であり、絵画や書にもすぐれた才能を発揮する芸術家であった。すなわち一言でいって〈士大夫〉であった。同じことは王安石についても言える。蘇軾と王安石とが、文学や芸術の面で見せる作風の相違は、彼らの政治思想＝儒者としてのあり方の相違と対応するものであった。そして、王安石や蘇軾とは異なり、道学が〈文学〉に対してある種の警戒心を持つことについては、創始者程頤《ていい》の学風および王安石・蘇軾との軋轢に由来することを指摘しなければならない。道学の生真面目さは、一一世紀後半のこうした情勢の中での道学の自己認識に発しているのである。それは士大夫文化の一翼を担いながらも、いわゆる士大夫文化とは距離を保って誕生した。

4 修己治人

そのキーワードが、朱熹によって高唱される〈修己治人《しゅうこちじん》〉である。「おのれを修めて人を治む」。この句は朱子学成立以降の士大夫たちの生き方の指針となった。たとえみずからの栄達しか考えていない人物も、表立ってこの標語を否定することは憚《はばか》られた。その意味で、この句はまさしく理念として機能したのである。

この句は『論語』にある〈修己安人《あんじん》〉に由来する。したがって、儒教思想においては古くから続いてきた理念であった。しかし、朱子学における位置づけには特別なものがあった。まず自分自身を聖人に近い人格者として確立してのち、為政者として民衆の上に立つ。その際、朱熹は程氏兄弟（以下、慣習にしたがい「二程《にてい》」と呼ぶ）を継承して、〈敬《けい》〉という修養法を尊重した。

いわゆる敬とは、〈主一《しゅいつ》〉を敬と呼ぶのである。いわゆる一《いつ》とは、他に注意関心がそれないことを一と呼ぶのである。主一という意味にただひたすらひたろうとする。一でなければ、二や三になってしまう。偽ろうとせず、怠ろうとせず、「尚《な》お屋漏《おくろう》に恥じず（個室にいても恥じるところがない）」に至るまで、すべては敬にかかわる行為なのだ。（『河南程氏遺書』巻一五、および『近思録』存養篇）

〈主一〉は「一を主とす」で、精神を一事に集中させて他事に惑わされないこと。精神修養の方法として、雑事雑念を排除するのが、程頤のいう〈敬〉の主眼であった。ここで彼が引用しているのは『詩経《しきょう》』大雅《たいが》・抑《よく》篇の句で、『中庸《ちゅうよう》』にも見えるもの。みずからの身を慎むことを言うと解釈されてきた句で、中庸篇ではこれを受けて、「故に君子は動かずして敬せられ、言わずして信ぜらる」と続く。こうした修養論が蘇軾の気風と相いれなかったことは容易に理解できよう。

朱子学の修養論は変容を被りつつ後世に伝えられていく。次章「朱子と王陽明の生涯」で述べるように、陽明学はこの修養論への批判として誕生した。しかし、その思想が士大夫たる者の理念、〈先憂後楽〉〈修己治人〉に貫かれていたことは強調しておきたい。

体制教学としての朱子学に対して、陽明学者には庶民出身の者が多く、元来民衆的であるかのように説明されることがあるが、これは事実に反する。王守仁門下の庶民学者王艮《おうごん》は若いときに自分が天下を支えている夢を見て汗びっしょりになったと告白している。これは、出自はどうあれ、意識は范仲淹や張載とまったく同じであったことを示している。王艮の系譜を引くいわゆる泰州《たいしゅう》学派の指導者たちには、他学派にも増して進士が多い。文字通り、天下を担うことが彼らの使命感であった。明末には政治の現状を憂えて当局者と対立する、いわゆる東林《とうりん》党の運動が起こり、朱子学・陽明学の枠を超えて多くの人士が参集するが、彼らの意識の中核にあったのもまた、「先憂後楽」と「万世の為に太平を開く」精神であった。

第3章

朱子と王陽明の生涯

前章は「士大夫の時代」と題して、朱子学・陽明学の担い手であった階層について解説した。この章はこれを承けて朱熹と王守仁の生涯を紹介し、その思想遍歴について考察する。

1 朱熹の生涯（一一三〇〜一二〇〇）

朱熹が生まれたのは、南宋建国の四年目、建炎《けんえん》四年（一一三〇）のことであった。建国というと聞こえがいいが、靖康《せいこう》の変と呼ばれる戦乱によって「大宋国」が国土の北半分を喪失し、皇子の一人が急遽即位して辛うじて命脈を保っているといった状態の時期である。まだ杭州《こうしゅう》が落ちついた仮住まいの地（「臨安府《りんあんふ》」すなわち臨時首都）として定まる以前で、皇帝は軍隊を引き連れながら、より正確には軍隊に引きずられながら、東南海岸部を右往左往していた。現在の私たちは、以後百年間にわたって宋金対峙の情勢が続くことを知っているが、当事者たちには数箇月先がどうなっているかも読めないような状況であった。朱熹の父朱松《しゅしょう》は、当時、福建山間部の尤渓《ゆうけい》県に住んでいた。彼には三人の息子がいたが、成人したのは一人だけである。

松はこの子に熹と名づけた。この命名法は五行思想にもとづいている。松は木偏、熹はれんが（すなわち火の部）。五行相生説では木の次は火が来る順番である。朱熹は自分の息子たちに塾《じゅく》・埜《や》・在《ざい》と、いずれも土のつく名をつけているが、これは五行で火の次が土だからである。孫の世代は鋸《きょ》など金偏、曾孫は淵《えん》などさんずい（水）で、五行相生の順序（木→火→土→金→水）を遵守している。朱熹の少年時代に専権をほしいままにした宰相秦《しん》檜《かい》も、息子は火偏、孫は土偏の字を名に持っている。韓国には今でもこの習慣が残っているという。

朱熹

朱松は朱熹が一四歳の時に世を去った。その前年には秦檜主導下に金との講和条約が締結され、南宋政権の基盤は安定してきていた。朱熹は父が遺嘱した友人たちにあずけられて福建北部の建《けん》州で勉学に励み、わずか一九歳で科挙試験に合格、進士となった。建州は宋代には多くの進士を輩出した土地である。ただ、彼一生の不覚は、合格順位が思わしくなかったことで、そのため、彼は官僚社会のエリートコースからはずれた人生を歩まされることになる。五年後、ようやく泉《せん》州同安《どうあん》県に地方官のポストを得て赴任、その途次、父と同門であった李侗《りとう》という学者に会って大きな転機を迎える。

　三年の任期満了後は次の職務も与えられぬまま、建州に帰って儒学の研鑽に励んだ。そのころ、いずれも政府高官の息子二人、呂祖謙・張栻という同世代の学者が、二程以来の道学の流れを受け継いで活躍を始めていた。朱熹は彼らと知り合うことができ、福建北部山間地帯の田舎学者から、全国的な知名度を持つ有名人へと飛躍する。

　青年時代は禅の影響を強く受ける環境にあったが、李侗との出会いが純粋な儒教にめざめさせたと伝記資料は伝える。たとえば、愛弟子にして娘婿の黄榦《こうかん》が書いた「行状」には、「数百里の道のりを遠いとも思わず徒歩で訪ねていった」と記録している。李侗が朱熹に教えたのは、静《せい》時の修養の重要性と理一分殊《りいちぶんしゅ》の意義であった。李侗によれば、程頤が説いた理一分殊のうち、分殊にこそ仏教にはない深い真理がある。李侗は朱松とともに羅従彦《らじゅうげん》という学者に師事した経験があり、その羅従彦が二程の高弟楊時の門下生であるというところから、朱熹は二程の学統につながることになる。

　その後、張栻と知り合うことでその師胡宏の学風に触れ、一時期それに染まったがやがて批判に転じ、四〇歳にして定論を確立したとされる。彼は所説をその後も部分的に変えており、定論確立というのは適切ではないとする見解もあるけれども、教説の大要がこの時点で固まったとみなすことはできよう。これを境に、奔流のごとく著作を執筆・刊行するようになる。

朱熹の学風はいろいろな特色を持っているが、長期的な歴史の流れを通して見たときの最大の特徴は、印刷出版技術をうまく利用したことである。世界ではじめて自覚的に出版を武器にした思想家といってもよい。なにしろ、マルチン・ルターとその一党がさまざまなパンフレットの類でカトリックを攻撃する、三五〇年も前の話である。福建北部には安価な印刷物を発行する工房が集中していた。朱熹自身の勉学にとっても、この環境は有利にはたらいたと思われるが、朱子学が全国に広まっていくうえで、このニューメディアを制覇したことは重要である。自身の教説の宣伝のみならず、たとえば二程の語録を編纂・出版することで、自分にとって都合のいい二程イメージを世の中に広め、自身がその後継者であることを納得させるにあたって、絶大な効果を発揮した。王安石が朝廷権力に依拠して自説の浸透を図ったのとは対照的に、朱熹はいわば言論界を支配下におくことで論敵たちとの長期戦に勝ち抜く基盤を固めたのであった。

朱熹は生涯に三〇種類以上の本の編集・出版に携わった。その中でも主著とされるのが、『大学』『中庸』『論語』『孟子』の注解である『四書章句集注《ししょしょうくしっちゅう》』である（注は註とも書く）。そもそも『礼記《らいき》』の一篇にすぎなかった『大学』と『中庸』とを独立させ、まとめて四書とするのは彼に始まる。この注釈書を作成する予備作業として、先人の注解を集めた『中庸輯略《しゅうりゃく》』『論語精義《せいぎ》』『孟子精義』が編まれた。また、補うものとしての想定問答集が『四書或問《わくもん》』である。内容別ダイジェスト版としては『孟子要略《ようりゃく》』。四書に対する五経のほうでは、『周易本義《しゅうえきほんぎ》』と『詩集伝《ししゅうでん》』、それに未完に終わった『儀礼経伝通解《ぎらいけいでんつうかい》』がある。『孝経』のテキストを正した『孝経刊誤《こうきょうかんご》』もある。このほか、初学者用の教科書として編まれ、日本でも広く読まれた『近思録《きんしろく》』と『小学《しょうがく》』。朱子学の源流史である『伊洛淵源録《いらくえんげんろく》』。宋代の名官たちの記録『名臣言行録《めいしんげんこうろく》』。韓愈の全集への注釈『韓文考異《かんぶんこうい》』。『詩経』とならぶ古代の詩集への注解『楚辞集注《そじしっちゅう》』。易学の入門書『易学啓蒙《えきがくけいもう》』。二程の語録『河南程氏遺書《かなんていしいしょ》』『河南程氏外書《がいしょ》』やその弟子謝良佐《しゃりょうさ》の語録『謝上蔡語録《しゃじょうさいごろく》』。周敦頤の『太極図説』や『通書』、張載『西銘《せいめい》』への注解。司馬光『資治通鑑』を項目ごとに整理して歴史事件を批評した『通鑑綱目《つがんこうもく》』。真作ではないとする説もあるが、冠婚葬祭の儀式書である『家礼《かれい》』、などなど。このほか、彼自身の全集として現在私たちが利用する『晦庵先生朱文公文集《かいあんせんせいしゅぶんこうぶんしゅう》』や、語録である『朱子語類《しゅしごるい》』は、彼の死後編集されたものである。

　朱熹が論争した相手としては、陸九淵が有名である。呂祖謙が両者を引き合わせて、鵝《が》湖《こ》という場所で会談させた。その時には九淵の兄の九齢《きゅうれい》のほうが朱熹との議論の主役であったが、彼の死後、兄を引き継ぐ形で九淵は朱熹との間に何通もの書簡のやりとりを通して論争する。中心的な論題は二つ。一つは修養方法で重点をどこに置くか、もう一つは周敦頤の『太極図説』をめぐってである。

もう一人、陳亮という学者との論争も重要である。焦点は歴史認識にあり、儒教が太古の黄金時代とみなす夏《か》・殷《いん》・周三代のあと、漢から唐にいたる時期をどう評価するかをめぐる論争であった。陳亮が、この時期にも見所はあるという立場であるのに対し、朱熹はこの時期を暗黒時代ととらえる。それは、孟子が死んでから周敦頤が現れるまで正しい教えが断絶していたとする道統論と表裏をなす考え方だった。正しい教えがない以上、正しい政治は行われず、したがってよい社会は実現しない。政治と道徳の一致を説く、朱子学の根本教義の一つである。

朱熹は官僚としては出世しなかった。中年以降は、地方官に任じられてもそれを断り、道観の名目上の監督者で実務のない祠禄《しろく》官になることが多かった。実際に赴任した期間は通算十年に満たない。中央政府に呼び出されて皇帝の学術顧問の役職についたこともあるが、数十日で更迭されている。政府部内での支持者が政変で失脚すると、彼の学術は偽学として弾圧の対象になり、晩年は活動を制限された。

死後十年ほどで名誉を回復し、やがて孔子以来の正統を継ぐ学者に認定され、体制教学としての朱子学が成立する。皮肉なことに、彼自身はそのシステムで成功しなかった科挙官僚制度は、彼が書いた注釈書や彼が説いた教説に通暁している者しか、加わることが許されないようになっていった。

2 王守仁の生涯（一四七二～一五二八）

朱熹没後二七〇年、明建国のおよそ百年後に生まれたのが、王陽明である。父親王華《おうか》は科挙受験生最高の栄誉、殿試《でんし》の首席合格者（状元《じょうげん》と呼ばれる）であった。本名は守仁、すなわち「仁を守る」である。陽明というのは号であるが、朱子の本名の熹がかすかな光を意味し、あるいは号が晦庵《かいあん》であることを考えると、その反対の意味であり、両者の性格を象徴するようでおもしろい。晦庵の手紙が友人・論敵・門人たちへの、「あなたの考え方は間違っている」という言辞で満たされているのに対し、陽明の手紙には相手の言い分を認めて励ますものが多い。晦庵が書斎での執筆活動に熱心だったのに対して、陽明は談論好きであった。この二人は、性格的に完全に逆の人間類型に属している。朱子学と陽明学の相違はここに根ざしており、そのことは後代の学者が朱子学陣営に加わるか陽明学者となるかに多分に影響しているように見受けられる。

王守仁が朱子学に疑問をいだくようになったきっかけとして、若い頃、庭にはえている竹の理を窮めようとして神経衰弱になったという逸話が広く知られている。自分で語っていることなので、おそらくは事実であろう。ただ、これも、朱熹が聞いたら「私はそんなことをせよとは言っていない」と答えたであろうたぐいの行為で、読書を通じて知識を漸進的に蓄積することを重視する朱熹と、直截に真理を把握しようとする王守仁との、気風の相違を示している。

もちろん、王守仁も経書をはじめとする諸典籍を読破したが、朱熹のようにそれを体系化する営為には消極的だった。科挙官僚として成功し、政府高官になったために時間的なゆとりがなかったという面もあろう。朱熹が死んでから注釈に注釈を重ねる流儀が広まり、全体を見通すにはその方法では効果があがらなかったということもあろう。しかし、いずれにしろ、王守仁には経書の注解がないという事実は、その後の陽明学の展開の方向を決定づけることにもなった。

王守仁

高弟銭徳洪《せんとくこう》のまとめによれば、王守仁の学術と教説はそれぞれ三度変化した。はじめは修辞の学、ついで仏教・道教に溺れていたが、やがて聖人の学に志すようになったのが「学三変」。はじめに知《ち》行合《こうごう》一《いっ》を説き、次に静坐《せいざ》の重要性を強調したが、やがて致良知《ちりょうち》を根本に据えるようになったのが「教三変」だという。だが、「教三変」については、次のように説明するほうが正確であろう。

彼が明確に朱子学と訣別した（とされている）の

は、左遷されて貴州の山間地帯にいた三七歳の時に、「理は自分自身の内面にそなわっており、外部に求める必要はない」と気づいたことによる。地名をとって、この思想史上の事件は龍場《りゆうじよう》の大悟《たいご》と呼ばれる。その後、江西の地方官を勤めることになり、この地出身の陸九淵の教説に言及する機会が増える。なかでも「聖人の学とは心学である」として陸九淵の心即理説を称揚したため、後世、陽明学の源流を陸九淵に求めて陸王心学と呼ぶようになった。知行合一を強調したのもこの時期である。さらに、『大学』に言う格物致知の知とは孟子が言う良知のことで、これを拡充することが修養の要諦だとする致良知説を提唱する。王守仁によれば、宇宙のありとあらゆる存在はすべてひとつながりになっており、それらをそれらの本来のありようのままに活かすことこそが儒教の究極の目標である。二程以来道学が強調してきた万物一体の仁も、良知を致すことによって正しく実践されると、王守仁は考える。

科挙官僚としての王守仁は、貴州から帰還してからというもの、まさに順風満帆であった。任地江西で治安維持に実績をあげたり、皇室の一族である寧王の叛乱を武力鎮圧したりしたことで、政治家としての声望も高まった。五〇歳で伯爵に封建されたほどである。農民叛乱討伐の凱旋の帰途、五七歳にして病没するが、その死は栄光に包まれたものであった。従来の朱子学とは違う内容の教説を唱えていると批判されることはあったものの、反体制的だという指弾を浴びることは、彼の生前にはなかった。

王守仁は、若い頃に知り合った湛若水《たんじゃくすい》という学者と終生交際し、論争を続けながらも互いに既成の朱子学とは違った学風の確立に努めた。来会者とともに学術的な話題を議論する講学という形式で説教をおこない、彼のもとには江南一帯から多くの門人が集まった。

その語録『伝習録』は生前すでに部分的に刊行され、死後現行の形になった。文集『王文《おうぶん》成公文集《せいこうぶんしゅう》』が、死後編纂されている。龍場の大悟直後に『五経臆説《ごけいおくせつ》』という書物を著したとされるが、現存しない。そのほかにはまとまった著作がない。ただ、『朱子晩年定論《しゅしばんねんていろん》』という書物を編集して、次のような主張を展開している。

世上言われている朱子学なるものは、朱熹中年時代の所説にもとづいている。陸九淵との論争も、この中年未定の説に由来する。しかし、彼は晩年になってその非を悟り、所説をあらためた。それこそが彼の最終到達地点で、真理を窮めているというのである。王守仁はその証拠として、通常のいわゆる朱子学における理解とは異なる説を、朱熹の文集や語録から抜き出して並べてみせた。末尾には、真徳秀《しんとくしゅう》・許衡《きょこう》・呉澄《ごちょう》といった高名な学者たちを朱陸の調停者として紹介している。

この見解は、同時代の羅欽順《らきんじゅん》や一六世紀なかばの陳建《ちんけん》が、王守仁があげている事例が決して朱熹晩年のものではないと論じることによって、実証的に否定されている。しかし、王守仁があくまでも朱熹の正しい後継者としてみずからを位置づけようとしたことは、陽明学なるものの性格を考えるうえで重要であろう。

往々にして陽明学は朱子学と相容れないかのようにみなされているが、歴史的事実としては、陽明学はあくまでも朱子学の展開形態である。朱子学がなければ出てこない発想であるし、そもそもの問題意識からして、当時流行していた朱子学主流派の弊害を是正するために、朱子学が構築した枠組みの中で異議申し立てをおこなったにすぎない。両者の見かけの相違は、上で述べたように朱熹と王守仁の個性の対照に由来する部分が大きく、そのため両者は力点の置き方を異にするが、思考の基盤は共有している。清代になって両者をひっくるめて〈宋学〉と批判的に呼称するようになることには、それなりの根拠があるのである。

ただし、ではなぜ両者が分岐しなければならなかったのかについては、考察が必要である。古来、両者の相違点について、さまざまな立場の学者が検討を加え、多様な見解を提示してきた。それらについては第6章以降で紹介することとし、ここでは私見を一つ述べておきたい。

3　ふたりの環境の相違

それは朱熹・王守仁両人の出身環境の相違である。前章で述べたとおり、彼らの生きた時代は、科挙制度によって文化的な秩序が構築されていた。彼らはいずれも進士合格者であり、まごうことなき士大夫であった。しかし、ここでも二人は対照的である。

一方の朱熹は、下級地方官にしかなれなかった父を早くに亡くし、その友人たちの援助で勉学した。父の一族は江西婺源《ぶげん》（現在は安徽省）にいたが、それほど緊密な交流は持っていない。兄弟もおらず、ほとんど天涯孤独といってよい状況である。福建山中で勉学、一九歳での科挙合格は彼の俊才ぶりを示すが、あいにく席次は低く、ためにエリートコースからはずれてしまう。そのことを受け入れ、立身出世には意欲を持たない代わりに、ではどうしたら士大夫としての使命が果たせるかが、彼の思想的課題となる。その結論が、前章で述べた〈修己治人〉であった。彼をこの発想に導いたのは、二程に始まるいわゆる道学の流れである。朱熹は父以来の縁で道学の資料・書籍を多く見うる環境にあったが、道学自体がまだ思想界の主流派ではなかったし、道学系の中でも呂祖謙・張栻のような毛並みのよさを朱熹は持ち合せていなかった。朱熹は生前においては傍系として著作活動を展開したのである。その精緻で分析的、しかも論争を好む態度は、主流派への対抗意識がなせる技であった。

かたや王守仁は、（事実かどうかはさておき）書聖王羲之《おうぎし》を生んだ六朝以来の名門琅邪《ろうや》王氏の出身と称している。故郷余姚《よよう》は紹興と寧波の中間にある町で、浙東という文化的中心地域にあった。加えて父は状元、エリート中のエリートである。当然、父の交友範囲は士大夫文化の最高水準であった。守仁少年も父の勤務先である国都北京で思春期を過ごすことになる。政治・文化の中心に、彼は生まれながらにして座を占めていた。当時の主流思想は朱子学であったが、彼は一旦生真面目にそれを原理主義的に修得しようとして挫折する。その後は、自然体にむしろ当時流行していた諸潮流に染まりながら、青年時代を送った。彼も若くして進士となった(二八歳)が、朱熹とは違って席次も上位であり、父が高官だったことも作用してエリートコースを歩んだ。

それだけに貴州への左遷は、精神的に衝撃が大きかった。それまで当たり前のこととみなしていた世界とはまるで異なるものをここで体験する。このいわば異文化経験が、逆に人間の普遍性を確信させる。論争を好まず、相手の主張を正面から論駁することもなく、ともかく融和を説いていく姿勢は、毛並みの良さと相まって周囲から人望を集めるに充分であった。伝えられる逸話から察するに、社交的で話がうまかったと思われ、それゆえ彼の講席には士大夫ばかりか庶民もやってきて、会場に収容しきれないということになったのであろう。その講話の中身は、厳密な概念分析などではなく、わかりやすい日常卑近の人生哲学であった。陽明学が朱子学とは異質な学知のあり方になっていくのは、こうして見れば当然の成り行きである。

近現代における評価は、おおむね朱子学をおかみの御用学問、陽明学を民間・在野からの批判思想と捉えている。もちろん、明末という時期にそうした傾向を持たなかったわけではないが、それぞれの創始者の事績に即していえば、事態はむしろ逆である。この逆説は、朱熹が努力して主流派になろうとした傍流の人物であったのに対して、王守仁が生まれながらの文化貴族であり、自分が身体化している主流の思想文化をむしろ意図的に破壊しようとしていたというところから説明できよう。極端な言い方をすれば、初発の時点では、朱子学は成り上がりの見栄、陽明学は放蕩息子の道楽だったのである。

したがって、陽明学の民衆的立場を強調する議論は再考の余地があろう。たしかに、次章で述べるとおり、そうなっていく側面が陽明学にはあった。それを近代へつながる（べくしてつながらなかった）未完の物語として取り上げ、陽明学の正統であるかのように位置づける流儀が、現在ではむしろ主流である。だが、それは陽明学をデフォルメしたものであり、その正確な理解を妨げる要因にすらなっていると思う。陽明学とは何かという問題を、もう一度王守仁やその門流の教説全体の中から再構成していく作業が求められている。事は朱子学についても同様である。それは「正しい朱子学」「正しい陽明学」を定式化するためにではなく、朱子学・陽明学を現代の文脈に活かすためにこそ必要である。

第4章 中国における展開

前章は「朱子と王陽明の生涯」と題して、この二人の伝記的事項を紹介し、彼らの問題意識のありかについて解説した。この章はこれを承けて、彼らの死後、その思想体系がどのように継承されていったかを述べる。

1 朱熹の弟子たち

前章で述べたとおり、朱熹は政治的弾圧の渦中に世を去った。その葬儀は政府から監視されながら行われたが、それでも門人たちが集まり、偉大な師の死を悼んだという。これを取り仕切ったのは、娘婿に選ばれ、生前から目をかけられていた黄榦であった。彼は自他ともに認める一番弟子であった。

彼はもともと福州《ふくしゅう》の出身であったが、朱熹の身辺にいることが多く、晩年においては助手として書物の編集作業を輔けていた。なかでも『儀礼経伝通解』は未完のまま彼に遺嘱されている。まずは朱熹嫡流の継承者としてよかろう。

彼とともに朱熹晩年の側近として活躍したのが、蔡元定《さいげんてい》の息子の蔡沈《さいちょう》である。蔡元定は朱熹と年もあまり違わず、門人というより友人として遇された。天文学、数学、風水術に詳しかった。晩年、偽学の禁によって湖南へ流される。蔡沈はこれをきっかけに、科挙受験をして官僚になるという当時の士大夫の正道を断念し、師や父の学問を流布発展させることに生涯を捧げた。朱熹から『尚書』（『書経』）の注釈書を任され、その『書集伝《しょしゅうでん》』は朱子学を代表する注釈として、のちに科挙の国定教科書に指定される。彼は一族あげて朱子学の宣教に従事しており、黄榦たちとはまた別の一派をなしていた。

このほかにも、故郷に戻って師の教えを広めた使徒たちは何人かいたが、特に重要なのは福建南部漳《しょう》州の陳淳《ちんじゅん》である。彼は朱熹が漳州に知事として在任していた時に入門し、数箇月後に朱熹が帰郷してからは書簡の往復によって教示を受けた。朱熹が死ぬ直前、これも数箇月間だけ建州に出向いて親しく謦咳《けいがい》に接し、日頃いだいている疑問の数々を質して克明なメモを作った。科挙には都での試験に何度も落第し、還暦近くなってようやく地方官の職を得たが、実際には赴任せず、郷里の公序良俗・安寧秩序を守るべく積極的にか

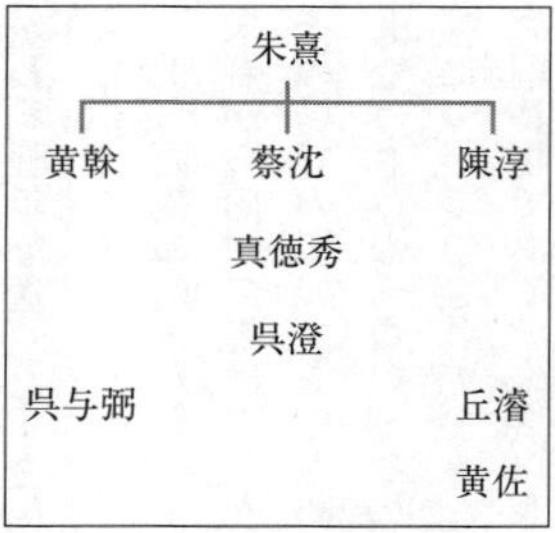

朱子学系譜図

かわる晩年を送った。没後、その教説がまとめられ、『性理字義《せいりじぎ》』(別名『北渓字義《ほっけいじぎ》』)として出版される。

彼ら直接の弟子たち——以下、朱熹を第一世代として、彼らを第二世代と呼ぶ——は、朱熹から口頭で告げられた教説の内容を書き留めていた。ただ、それらは個々人のその場その場での記録であるため、そうした教説を全員が共有できるようにするためには集積をしなければならない。そのための語録の編纂事業は、禅仏教の影響もあってか、すでに二程についてなされており、現在私たちが普通参照している彼らの語録は、ほかならぬ朱熹の編纂物である。朱熹自身の語録についても、没後十年ほど経った時点で、いくつかの種類が編まれるようになる。黄榦も陳淳も、その主要なノート提供者——通常、記録者と呼ぶ——であった。

現在、『朱子語類』の名で伝わっている語録は、こうした経緯ののち、黎靖徳《れいせいとく》という人物がまとめあげたものである。全一四〇巻の総字数は、孔子の語録とされる『論語』の何十倍にものぼり、中国史上空前絶後である。語類というのは厳密には語録とは区別されるべきジャンルで、語録が記録者のノートをつなぎあわせただけのものであるのに対して、話題の内容ごとに範疇分けして配列してあるのが特色である。つまり、ある話題に関する朱熹の発言が原則として一箇所に集めてあるという仕組みである。その開巻劈頭《へきとう》を飾るのが、陳淳による朱熹への質問であった。太極と理とについてである。

「太極とは、まだ天地が存在しないうちにできあがったものではなくて、天地万物の理を総合的に指す名称だということではありませんか？」

「以前、まだ天地が存在しないうちに、結局のところはこれに先だって理が存在すると考えてみたのですが、いかがでしょうか？」

これらの質問に対する朱熹の応答によって、『朱子語類』全巻が始まっている。朱子学といえば理気論、という構図は、ここに発しているのである。

ところが、陳淳自身の講義をまとめたとされる『性理字義』の方では、これとは違った順序で諸概念が説明されている。冒頭に来るのは命・性・心・情といった術語であり、理や太極は中盤以降に登場する。そして、その「太極」の章には次のような解説文がある。

太極は、天地万物の理を総合していうのであって、天地万物から離れて、別に太極を論じてはいけない。天地万物から離れて理があると説くと、二つの部分に分裂してしまう。

結局のところ天地万物が生じる以前には、必ずまずこの理があるのである。……

これらの教説が、陳淳自身が朱熹に質した上述の問答の結果として弟子たちに示されたことは疑いない。陳淳が語る自説とは、自分が学んだ師説にほかならなかった。このようにして朱熹の教説は、孫弟子たち——以下、第三世代と呼ぼう——に伝授されていく。

2 師説の祖述

朱熹は彼の教説をみずからのものとして語った。もちろん、彼の意図としては、その目的は孔子の教説を再び本来の正しい形で世に広めることにあって、自分の独創的な思想を喧伝することではなかった。しかし、その内容が孔子本来の儒家思想——そうしたものが存在するとして——から逸脱していることは、清朝考証学者たちが批判するとおりであるし、すでに彼の同時代人、しかも同じ道学派に属する陸九淵からも論争を挑まれていたところである。彼自身、自分の教説が孔子・孟子や二程の言おうとしていたことと一致すると考えてはいたものの、その教説はこれら先達の文言の反復ではなく、彼自身の思索の成果として、彼自身のことばで語られていた。

ところが、第二世代は、師説の反復をもっておのが使命となした。陳淳が弟子に語った内容は、彼独自の思索の成果ではなく、彼が偉大な師から学んだ内容そのものだったのである。以後は、祖師朱熹の教説をいかに祖述・伝授していくかが課題となる。

第三世代と第二世代との決定的な相違は、祖師の謦咳に接した経験があるかどうかである。第二世代は、仏典にいうところの「かくのごとく我聞けり（如是我聞）」と、自分の門人たちに向かって語ることができた。しかし、第三世代は間接的にしか祖師の教説を知りえない。そこには仲立ちとなる媒介物（メディア）が必要となる。彼らにとっての師、すなわち第二世代は生きたメディアであった。しかし、第二世代はやがて生物的な死を迎える。『性理字義』の文章は、生きたメディアがかつて披露してくれた祖師の教説を、その死後、第三世代が出版したものである。こうしてテキストとして定着させることによって、今度は書物を媒介として、祖師の教説が伝授されていく。

思想伝達媒体＝メディアとしての書物に注目し、いち早くその利用を試みていたのが、実は朱熹本人であった。朱熹の教えにその意味では忠実に、しかし反面、朱熹が憂慮していた事態——不要な書籍に惑わされて良書の精読がおろそかになること——の発生という側面も持って、第三世代による祖師教説の蒐集作業が活発に進められる。特に、真徳秀の功績は大きい。

彼は科挙官僚としてエリートコースを進み、時には権臣と対立して左遷させられもしたが、最終的には参知政事（副宰相）のポストに就いた成功者である。朝廷において朱子学顕彰に努めたのはもちろん、地方官として、また在地の名士として、朱子学の教説流布活動に積極的であった。書籍の編集・出版にも関わっている。彼の文集には関連する書物に寄せた序文が多く見えるし、自身、いくつかの書物を編んでいる。後世、帝王学の教科書として重視された『大学衍義《だいがくえんぎ》』は、朱子学の立場から説かれた君主論であるし、『読書記』という、膨大な術語解説集もある。陳淳と組んで『近思録』の普及にも一役買った。

「『近思録』は読むのによい。四書は六経《りくけい》への階段、『近思録』は四書への階段だ。」

これは陳淳が記録した朱熹の発言である。朱子学入門書としての『近思録』の定着には、彼らの出版戦略が作用していた。

ところが、前述した黄榦は『近思録』の価値に懐疑的で、陳淳・真徳秀のやり方を批判している。それは彼独自の判断によるわけではなく、（少なくとも彼の主張に従えば）朱熹の意向でもあった。『朱子語類』のなかには、他の弟子が記録者となって伝える、朱熹本人の『近思録』への自己批判的発言が、上記陳淳のものと並んで載っている。

これはどういうことなのだろう。どちらか一方が師説を誤って伝えているのだろうか。それとも、朱熹自身が別の弟子に対しては相矛盾する発言をしているのだろうか。

おそらくは、その両方の側面があるのだと思われる。第二世代の良心を信用するならば、意図的に師説を偽ったわけではなく、彼らが聞いた朱熹のことばは、彼らが記録し主張するとおりのものだった。少なくとも、彼らの耳にはそう聞こえ、頭ではそう理解されていた。ところが、それは師説の全貌ではない。朱熹は別の場面で別の弟子には異なるニュアンスで語っていたのである。その場の文脈や朱熹本人のその時の気分を顧慮せず、ただ遺されたノートのみに基づいて朱熹の発言を羅列すると、表面的には矛盾する所説が並ぶことになる。

これは『近思録』評価の問題に限らず、他の教説についてもしばしば見受けられる傾向である。もちろん、その中には、実際、朱熹自身が自説を変えたことによる食い違いもあるだろう。しかし、ここでより重要なのは、彼の教説が再生産されていく過程で、伝承者である第二世代による理解の相違が増幅され、同じく朱熹の学説を信奉すると称しながら、まるで別様の展開を遂げていくという現象が生じることである。このことは、何も朱子学の特殊性ではなく、古今東西のあらゆる思想に妥当する現象ではあろうが、特にここで問題とするのは、こうした変容が陽明学誕生の契機になったからである。

真徳秀ら第三世代の努力が実り、淳祐《じゅんゆう》元年（一二四一）、孔子廟にあわせて祭られる儒者として、それまでの王安石に代わって、周敦頤・程顥・程頤・張載と朱熹とが新たに選ばれた。これは朱熹による道統論が朝廷の認可を得たことを意味する。そのため、この改制は道学の公認、あるいは朱子学の体制教学化と評価されている。

こうして朝廷から権威を賦与されたことにより、朱子学の普及は加速度を増した。第1

章で述べたとおり、当初、朱熹の教説は何重にもおよぶ思想対決を必要としたのであるが、こうした経緯ののち、主流派として絶対的な地位を獲得するのである。ただ、それによって失われたものも大きかった。朱熹の教説に無上の権威が与えられると、それを前提として墨守する傾向が強まる。元や明によって体制教学としての朱子学の利用が進められ、もともと旧来のさまざまな思想流派に対する異議申し立てとして革新的な意義を担っていた朱子学が、逆に体制護持・権力追従の役割を果たすようになっていく。朱熹生前は当局者による弾圧を被っていた朱子学は、今度はその名によって思想統制をする側にまわる。この面でも、古来どこでも繰り返されてきた劇が展開したのである。

3　陽明学の分裂

一般に、陽明学は朱子学を批判する勢力として登場したように受け取られている。しかし、前章で述べたように、王守仁本人は、まず篤実な朱子学者であろうとして修養を試みた。それが方法上の問題から挫折し、紆余曲折を経て、政治的逆境のもとで朱熹とは異なる道を見出したのであった。ここには視点の転換があるのだが、両者の相違に関する具体的な様相については、第6章「性即理と心即理」以下の数章で述べるので、ここでは省略する。ともかく、陽明学は朱子学の中から、それとは学知のあり方を異にする形で誕生した。

朱子学の場合と同様、陽明学も祖師没後に内部の分岐が始まる。その最も有名な事例は、天泉橋《てんせんきょう》問答と呼ばれている。王守仁晩年、農民反乱軍討伐のため出陣する途上を待ち受けて、銭徳洪と王畿《おうき》という二人の門人が、四句教《しくきょう》について問い質したものである。銭徳洪が奉じる四句教とは、次のようなものであった。

無善無悪は心の体
有善有悪は意の動
知善知悪はこれ良知
為《い》善去悪はこれ格物

心・意・知・物は、いわゆる『大学』八条目に由来する語。詳しくは第7章「格物と親民」で述べる。この銭説に対して、王畿は四句すべてが無善無悪であるとする説を開示して、師に判定を仰いだのである。王守仁の回答は、「王畿の説は生まれつきすぐれた人向け、銭徳洪の説は一般人向け」というものであった。そのため、両派ともに、自説こそが師の認可を得たと主張することになる。通常、近代中国の学者の命名に基づき、銭徳洪のような立場を王学右派、王畿のような立場を王学左派と呼ぶ（ここでいう「王学」とは王守

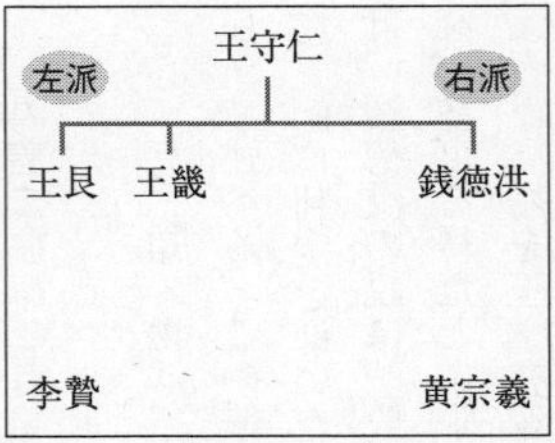

陽明学系譜図

仁の学、すなわち陽明学のこと）。また、良知の捉え方に応じて帰寂《きじゃく》派・修証《しゅうしょう》派・現成《げんせい》派の三派に分ける見方もある。王畿とともに左派（＝良知現成派）の中核をなすのが、王艮の泰州学派である。

王学左右両派の対立点は、上記四句教にちなんで無善無悪論争と呼ばれる。実際、論点も、人間の本性理解が、孟子の言う性善説でよいのか、善悪という相対性を超えた究極の至善にあるのかにあった。右派に属する許孚遠《きょふえん》は、議論よりも実践、知識よりも体験を重んじる学風を持つ人物であったが、そうした立場から無善無悪説が空論に流れていることを批判した。それに対して泰州学派の周汝登《しゅうじょとう》が反駁したのが、「九諦九解《きゅうていきゅうかい》」と題された文章である。しかし、議論は平行線をたどっており、両者の溝は深まるばかりであった。

陽明学はこの左右両派の対立のみならず、それぞれに属するとされる学者たちの間にも人脈や地縁による多くの分岐を生み出していく。陽明学は、朱子学とは異なり、ある一定の静態的・思弁的な体系的教説というのではなく、人間や社会をどのように見、どう行動していくかという動態的・実践的な性格を強く帯びているため、師説の継承ということの意味が朱子学とは異なっていた。そうしたこともあって、陽明学を奉じていながら朱子学的な教説を唱えるといった事例も珍しくない。つまり、明代後半において、誰を朱子学者とし、誰を陽明学者に入れるかという区分に、統一見解はない。区分する当人の立場や思考に応じて、その数だけの分類があるといっても過言ではないのである。たとえば、〈理《り》学殿軍《がくでんぐん》〉すなわち朱子学・陽明学全体のしんがりとも評される劉宗周《りゅうそうしゅう》も、単純に朱子学者か陽明学者かといった区分では語れない。護教的な意図でそうする場合はともかく、安易に「朱子学派」と「陽明学派」を分けて思想史を語ることには、学術的な意味はあまりないと考えられる。

泰州学派からはその後、よりいっそう過激な思想家として顔鈞《がんきん》・梁汝元《りょうじょげん》（何《か》心隠《しんいん》）・李《り》贄《し》を輩出する。特に李贄は現代の思想史研究者によって陽明学の思想的展開に応じて登場した嫡流のような扱いを受けている。ところが、陽明学嫡流をもって任ずる右派の黄宗羲《こうそうぎ》は口をきわめて彼らを非難し、時には無視することによって、陽明学展開の歴史から彼を抹殺しようとしている。なお、黄宗羲は東林党として処刑された父を持ち、自身は劉宗周の弟子である。

以上述べてきたように、朱熹・王守仁という、いわば祖師ともいうべき大思想家の没後、その教説は門下生たちによって彼らの理解に基づき解釈され、広められた。その際、第二世代同士の間ですでに分岐が始まり、世代を重ねるたびにその差は拡がっていく。したがって、朱子学・陽明学といっても、誰の説いた、もしくは誰の目に映じたということを抜きにした議論は、誤解を増幅させることになりかねない。日本で本格的な朱子学受容が始まるのは、中国で無善無悪論争がさかんな頃であった。

第5章

日本における受容

前章は「中国における展開」と題して、朱子学・陽明学が、朱熹・王守仁それぞれの死後、その門下生たちによってどのように継承されていったかを紹介し、そこにある問題点を指摘した。この章はこれを承けて、日本での展開について述べる。

1 朱子学の伝来

日本に朱子学が伝来したのは、鎌倉時代のことである。栄西《えいさい》が臨済宗を伝えたのは、時期的には朱熹の晩年であった。以後、中国へ留学する禅僧が相継いだが、彼らは現地で触れた儒学の新動向や書籍を、日本に持ち帰った。その最初の人物が誰だったのかという問題は今でも学術的な議論の対象になっているけれども、一人に特定することにはあまり意味がない。むしろ、彼らが共通して、留学中に朱子学を知る経験を持ったということが、当時の中国で朱子学が盛んになっていたことを示しており興味深い。

ただ、ここで朱子学とひとくくりにして呼んでみたものには、道学ではあっても朱子学ではない流派の思想や書物も含まれている。たとえば、京都東福寺に伝わる宋代の印刷本に張九成の『中庸説』があるが、彼の思想は朱熹から「洪水や猛獣のように危険だ」と糾弾され、そのためその著作は朱子学が勝利すると中国では読まれなくなり、この本も姿を消してしまっていた。近代になってから、この東福寺本をもとに写真複製して再び流布するようになったという経緯がある。この本を持ち帰った円爾《えんに》という僧侶は、ほかに朱熹の本なども携えていたらしいのだが、そちらは現物が残っていない。

後醍醐天皇による建武の新政に朱子学の思想がどのようにかかわっていたのかも、古来論争されてきた話題である。たとえば北畠親房《きたばたけちかふさ》の『神皇正統記《じんのうしょうとうき》』に朱子学摂取のあとがうかがえるかといった点である。彼らが新しい政治秩序を構想するにあたって、すでに伝来していた朱子学の知識と無縁に事を進めるはずはなかろう。彼らによる受容には多くの誤解や曲解があり、専門家の目から見れば、彼らはとても朱子学とは呼べないような水準での内容理解しかしていなかった。また、宋代の儒教ではあっても朱子学ではない学派の影響も看取される。しかし、それでも彼ら自身は、それを中国最新の、ということは、世界最先端の思想として受け入れようとしていたのである。

一方、王守仁は日本で応仁の乱が戦われている頃に生まれている。陽明学がいつ伝わったかはよくわからないが、室町時代にはさかんに中国との間に人の往来があったこと、日本船が入港する寧波《にんぽう》は王守仁の故郷のすぐ近くであることなどを考えれば、その流入はかなり早い時期であったとも想像される。実際、彼は了庵《りょうあん》という日本僧に会って記念に文章を贈っている。といって、了庵が陽明学を日本に将来したわけではない。

朱子学のほうも、引き続き禅僧によって学習されていた。それらは、はじめは京都の五山を中心にしていたが、応仁の乱をきっかけとして地方へと広まっていく。特に薩摩（鹿児島県）と土佐（高知県）が有名である。日明貿易を取り仕切っていた周防（山口県）の大内氏も学問を奨励していた。これらがのちに江戸幕府を倒す運動の中心をになう地方なのは、単なる偶然であろうか。

2 江戸時代前期の儒学

江戸時代になると、朱子学はようやく禅宗寺院から独立する。藤原惺窩の門人林羅山は政治顧問として徳川将軍家に仕え、その子孫はやがて大学頭《だいがくのかみ》として儒学を統括する職務を世襲するようになる。しかし、このことは決して徳川幕藩体制を支える思想が最初から朱子学であったことを意味するわけではない。朱子学が武士階層の間に浸透していくのは江戸時代後半のことだとするのが、近年の通説である。そもそも、惺窩の思想は朱子学派というよりは、他の道学流派や陽明学の要素をも色濃く持つものであった。惺窩や羅山の段階ではまだ、京都の公家学者に伝わる旧来の儒学の伝統に対抗して、宋代以降の新しい儒学全般を紹介・導入することに力点が置かれていた。

みずからを朱子学の学徒として自覚し、その布教に強い使命感を抱いたのが、山崎闇斎《やまざきあんさい》である。闇斎という号は、朱熹の号「晦庵」の同義語であり、意図的にこの号が選択されている。彼は神儒一致の立場から垂加《すいか》神道を創唱し、仏教を排撃した。それまで臨済禅の世界のなかで学ばれてきた朱子学が、今度は神道と結びついていく。闇斎の私塾や基盤は京都にあったが、幕府中枢にも会津藩主保科正之《ほしなまさゆき》（将軍家光の異母弟）という理解者を得た。

二代藩主光圀に始まる水戸学の国体論も、こうした環境から生じたものだった。第2章で述べたように、彼が江戸藩邸に范仲淹の名言にちなむ庭園を造成したのは、象徴的である。その命名者は、明からの亡命学者朱舜水《しゅしゅんすい》だった。

五代将軍綱吉は学問を好み、自身経書の講義を主宰した。林家《りんけ》を庇護し、それまでの僧侶の姿から、総髪姿の儒者として出仕させ、湯島に学校を開くための土地を与えている。現在も御茶ノ水に残る湯島聖堂の起源である。寵臣柳沢吉保《やなぎさわよしやす》は儒臣として荻生徂徠《おぎゅうそらい》を召し抱え、彼の屋敷には時に綱吉も訪れて儒学の勉強会が開かれている。幕府が体制教学として朱子学を採用したのは、綱吉の時であったとみなすことができよう。なお、この段階では徂徠はまだ彼独自の徂徠学を構築していない、一介の朱子学者である。

これより前、備前岡山藩主池田光政《いけだみつまさ》は、熊沢蕃山《くまざわばんざん》という儒者を召し抱えて藩政の整備をおこなった。岡山藩が他に先駆けて学校を設立したのも、光政の方針であった。

蕃山が師事したのが、近江聖人と呼ばれる中江藤樹である。藤樹は第1章で紹介したように、明治時代の研究者たちによって日本陽明学派の開祖と位置づけられた。たしかに彼は王守仁の教説に惹かれたようだが、体制教学としての朱子学と対抗する意味で陽明学を自認していたわけではない。

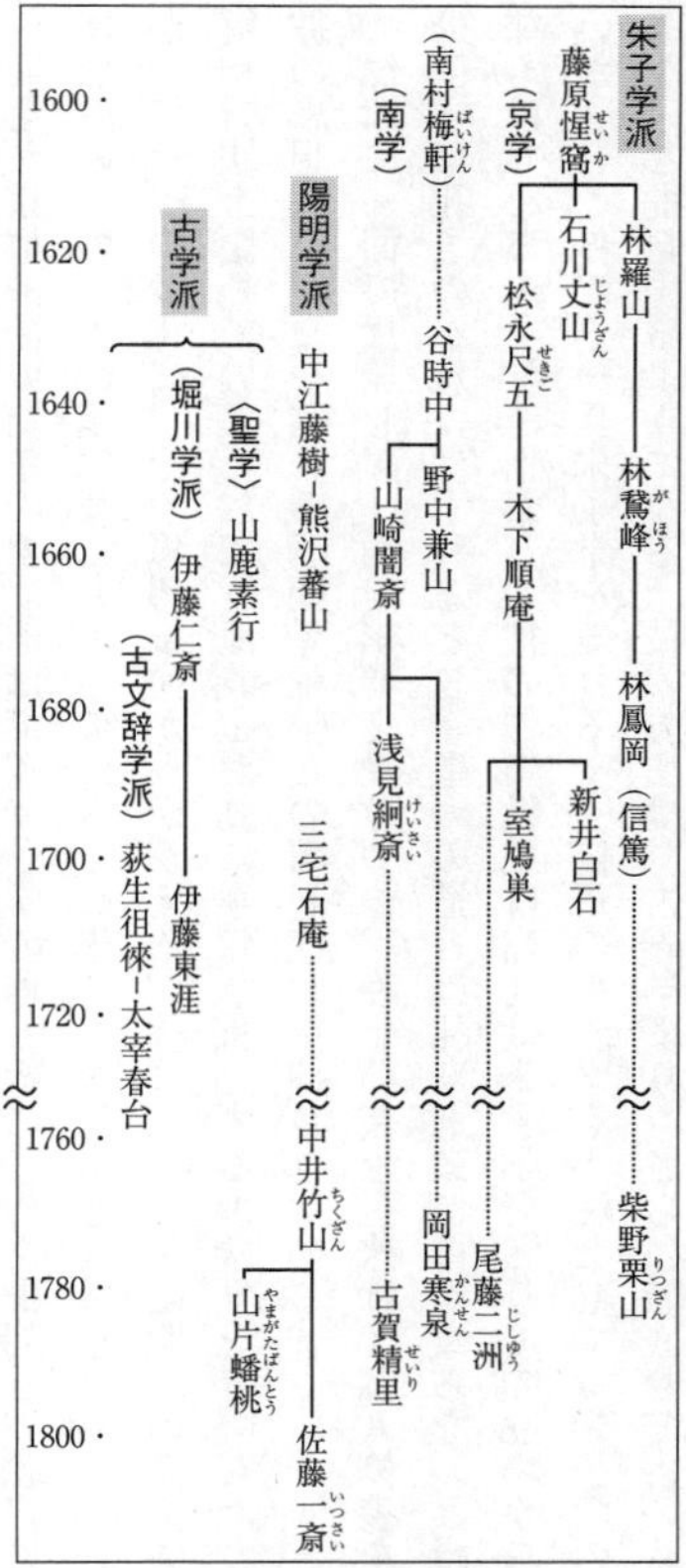

江戸儒学の師承系譜

闇斎が京都に開いた塾のすぐそばで、朱子学の理と敬の思想を批判し、独自に仁愛の倫理を説いたのが、伊藤仁斎《いとうじんさい》である。彼ははじめ朱子学を信奉し、敬斎と号していた。敬斎から仁斎への変化に、その思想転換がうかがえる。彼は朱子学・陽明学の考え方は経書の解釈方法を歪めているとして、原義どおりに字句解釈をする古義学《こぎがく》を提唱した。この点で、彼の思想には、やや遅れる清朝考証学との類同性が指摘されている。

仁斎に一面で反発し、一面で影響を受けつつ、晩年の荻生徂徠は、個人修養を重んじる朱子学は孔子の本意にはずれるとし、聖人の道とは礼楽刑政《れいがくけいせい》にほかならないと説いた。徂徠もはじめは朱子学を信奉し、彼の仁斎批判は当初は朱子学者としての立場からなされていた。ところが、一旦朱子学を離れるや、仁斎の古義学も手法としては朱子学の同類にすぎないと批判するようになる。彼の方法は、古義学よりもさらに徹底して古い時代におけることばの意味を探究し、その用法や文法にしたがって実際に作文することを旨とするもので、古文辞学《こぶんじがく》という。

なお、仁斎・徂徠と並べて「古学派」の創設者の一人として紹介される人物に、山鹿《やまが》素《そ》行《こう》がいる。しかし、彼については朱子学に対して異議申し立てを行ったというよりも、儒教の用語を用いることによって、戦闘行為がなくなった平和な時代における武士の生き方を示した思想家とする捉え方が適切である。彼は一時期思想的弾圧により赤穂に蟄居《ちっきょ》させられていた。赤穂浪士が主君の仇を報じる討ち入り行為に走ったのは彼の感化とする見方もあるが、因果関係は実証されていない。

赤穂浪士事件の処理については、幕府の中でも見解が別れた。忠義という観点からすれば誉めるべきでこそあれ処罰の対象にはならないとする論者も多く、綱吉も儒学愛好者としてこの見解に心を惹かれていたと言われる。徂徠は、国法を遵守させることが体制安定化のために枢要であり、その観点からは私的な忠義は処罰の対象だと論じた。切腹という、武士の名誉を守る形での処刑は、従来の武士道徳（それを補強する儒教の倫理思想）と、社会秩序（その役割を果たす儒教の政治思想）との折り合いをつける措置であった。

伊藤仁斎

荻生徂徠

3 儒教倫理の浸透

綱吉の後を継いだ家宣《いえのぶ》は、甲府藩主時代から木下順庵《きのしたじゅんあん》門下の新井白石《あらいはくせき》を重用していた。儒者が実務面も担当する幕府の首脳になったのは、彼に始まる。白石は宣教師シドッチへの対応で知られるように、西洋の学術にも興味を持つ開明的な人物と評されるが、それは「(頑迷固陋な)朱子学者であるにもかかわらず」というよりも、「(旧来の仏教体制を批判する)朱子学者であったから」と捉えられるべきである。幕末の蘭学者まで含めて、朱子学的な素養を下敷きにして西洋学術に関心を抱いた人物は多い。彼らにはそれが「格物致知《かくぶつち》」の営為と思えたのである。朱子学といえば守旧派・鎖国派と連想するのは、近代以降の虚像にすぎない。

八代将軍吉宗《よしむね》は漢籍輸入の制限を緩和したりして、海外の情報収集に努めた。側近に幕府の図書館から中国の地方志を次々と借り出させ、特産物を中心とする調査を行っている。また、社会秩序の安定・維持のため、荻生徂徠や室鳩巣《むろきゅうそう》に命じて、琉球(沖縄)経由で社会道徳の書『六諭衍義《りくゆえんぎ》』を取り寄せて印刷流布させたり、明の法律の注釈書『明律国字解《みんりつこくじかい》』を作成させたりした。その興味は政治的実利にあり、その点で綱吉とは志向を異にしていたが、儒教倫理の民間への普及という点では画期となった。

その頃、大坂町人たちが幕府の公的認可を得て開いた懐徳堂《かいとくどう》という学校では、朱子学の立場によりつつ、身分制度に囚われない思索を展開する学風が起こった。これとは別に、石田梅岩《いしだばいがん》に始まる「心学」と称する、江戸時代の社会秩序に即した倫理思想を講じる流派も盛んであった。闇斎学（崎門《きもん》朱子学）・仁斎学（古義学）・徂徠学（古文辞学）を含めて、これらの流派の活躍によって、儒教の教説が日本社会に浸透していく。

一八世紀末、朱子学者柴野栗山《しばのりつざん》・尾藤二洲《びとうじしゅう》らが老中松平定信《まつだいらさだのぶ》の支持を得て推進した、幕府の学校における寛政異学の禁という政策は、当初は諸藩での他学派の学習まで禁じるものではなかったが、朱子学派のヘゲモニー確立に大きく寄与した。幕末期には、武士のみならず上層の農民・町人階層にとっても、中国の古典とそこに説かれた思想は、なじみのものとなっていたのである。明治維新の原動力の一つに儒教があるとする見方は、あながち的外れではない。

ただ、そこで肝心なのは、江戸時代における儒教受容が、一部を除いて個々人の修養に重心を置いてなされた点にある。もちろん、そのことは、唐以前の儒教と比較した時の、朱子学・陽明学の特色であり、それゆえに日本でも広まった考え方であったわけであるが、本場中国では、朱子学・陽明学といえども、その局面にのみ限られるのではなく、経世済《けいせいさい》民《みん》の理想をつねに掲げていた。第2章「士大夫の時代」で引用した張載のことば、「万世の為に太平を開く」である。日本ではこの語が内面化して捉えられ、精神主義的に理解されたが、本来の張載の意図では、それは官僚として政治に参画し、具体的な政策を通じて実現されるべきものであった。日本では、世襲身分制度が強かったため、個々人が政治に参画する機会は最初から閉ざされており、それゆえに個々の修養に偏った理解がなされたものと思われる。

4　日本的陽明学

とりわけ陽明学についてその傾向が強く、蕃山の例を除いて当局者として振る舞うことはなかった。むしろ、大塩中斎（平八郎）のように、さしたる構想もないままに、やむにやまれぬ心情にもとづいて、理念的に軍事蜂起をするという現れ方をしていく。「身を殺して仁を成す（殺身成仁）」という自己犠牲に陶酔する生き方としては、幕末の志士たちの刹那的・破滅的なテロリズムもこの潮流に属しており、それは昭和初期の青年将校や三島由紀夫にまで及んでいる。当人たちにとっては、普遍的真理を実現するための捨て石としての行為であったのだろうが、異なる見解の持ち主との対話を拒み、独善的な意見を暴力的に押しつけようとする点で、社会的には危険思想と受けとられる性格を持っていた。陽明学がそもそもそうした性格を持ちうる学知のあり方をしていることは、前に述べたとおりである。三島が主張した「革命の哲学としての陽明学」は、王守仁が意図していた

「聖人の学」とはまったく異なるものであったけれども、一面ではその本質を突いてもいる。

もちろん、陽明学は平和的な自己修養の学として、政治的・社会的リーダーたちの精神的支柱としても機能してきた。本人がどれほど自覚的であったかはともかく、明治政府の首脳や自由民権運動の指導者――要するに、生き残った志士――たちが、文明開化を旗印に西洋近代国家のシステムを移植しようと志すなかで、彼らのメンタリティーを支えるものとして、陽明学、もしくは朱子学を含めた意味での儒教が作用していた。また、初期のクリスチャンには儒教的素養の持ち主が多い。高杉晋作《たかすぎしんさく》は禁制のキリスト教に触れた際、「これは陽明学だ」と感想を語ったという。『代表的日本人』の内村鑑三にしろ、『武士道』の新渡戸稲造にしろ、欧米に「日本精神」を伝えようとしたクリスチャンたちは、江戸時代後半に培われた儒教的土壌に育っている。それも、そうした過去を否定するのではなく、むしろ日本の誇るべき特性として称揚の対象として語ろうとしている。『敬天愛人《けいてんあいじん》説《せつ》』の中村正直《なかむらまさなお》（敬宇《けいう》）は、儒者とクリスチャンとを矛盾なく同時に実践しえた人物であった。中村と同時期の東京大学教授には、陽明学者三《み》島毅《しまき》（中洲《ちゅうしゅう》）がいた。

明治前半、なかでもいわゆる鹿鳴館時代への反省・反動として、憲法体制下では「伝統」への復帰が図られた。その象徴が『教育勅語』である。その撰述者井上毅《いのうえこわし》も、彼と意見交換しながら勅語の文面を定めていった元田《もとだ》永孚《ながざね》も、熊本藩の学校で儒学を学んだ経験を持つ。彼らの間の論争についてはこれまで多くの研究がなされてきているが、彼らが共有していた基盤、それゆえに論争の対象にならなかった事柄については、文面に現れないために注目されにくい。

『教育勅語』のようなものを作るべきだと早くから主張していた西村茂樹《にしむらしげき》（泊翁《はくおう》）は、そのモデルに『六諭』を想定していた。吉宗が中国の皇帝統治システムを支える道具として注目した『六諭』が、西洋文明が浸透するなかで独自の国民国家を建設していく際の精神的支柱として再び脚光を浴びたのである。公教育の現場を通じて列島の全住民に対して（のちには植民地の住民も含めて）儒教倫理の布教が行われたという点からすれば、明治時代になってからのほうが日本の儒教化は進んだとも言える。

第二次世界大戦の敗戦経験を通じて明治国家の体制は否定され、過去のものとなったかに見えた。しかし、現在、戦後六十年を経て、その見直しが進んでいる。思想・言論の自由が保障された現憲法のもとでは、自分がどのような政治的立場に身を置くかは各個人の良心（陽明学の用語で言えば「良知」）に委ねられている。ただ、過去に対する正確な認識と理解を抜きにした判断は、独善的で誤謬に満ちたものとなる恐れがある。私たちが儒教について学ぶことは、単に人類が誇る思想的遺産を詳しく知るという以上に、現代日本に生きる公民として不可欠かつ不可避な過去との関係を取り結ぶという意味も持つのである。

第6章
性即理と心即理

前章は「日本における受容」と題して、朱子学・陽明学がどのように日本に伝わり展開したかを紹介し、その問題点を指摘した。前章までの五章がいわば外側からの眺めであるのに対して、この章からいよいよ思想内容の分析にはいっていく。

1 理の字義

朱子学と陽明学との違いをひとことで説明しようとするときに、しばしば「性即理と心即理」ということが言われる。前者が朱子学、後者が陽明学の特徴だというわけである。特に日本においては、両者の相違をこの次元で説明する傾向が強く、今なお一般の教科書・概説書ではそう語られている。だが、これは厳密に言うと、正しくない。

理という字のもともとの意味は、「玉のすじめ」である。玉《ぎょく》は理・珍・珠などといった漢字の部首として使われるように、宝石を代表するものとして、古来中国において珍重されてきた。玉がそなえている文様としてのすじめは、もともとそこにそうあるものであるため、転じてものごと一般について「そうあるべきすじめ」を〈理〉と呼ぶようになる。ところが、そうした意味の理という字の用法は、『論語』や『孟子』には見えない。このことは、文献学的にはこれらの書物が成立した時点で、まだこの字のそういう用法が成立していなかったことを意味している。日本の伊藤仁斎や中国の戴震《たいしん》は、これを証拠に、孔子や孟子の説いた本来の儒教に理の思想はなく、それは朱子学が捏造した新しい考え方だとして、朱子学を批判した。

とはいえ、理という字に哲学的な意味をになわせることは、朱子学が始めたわけではない。三国時代、西暦三世紀にさかんになった玄学《げんがく》という流派において、この字は現象の奥にあるものを説明する文脈で使われたし、唐代、西暦七〜八世紀の仏教、特に華厳《けごん》教学においても〈事〉の対概念として重用された。そのため、朱子学・陽明学の理の淵源を、これらの使用法に求めてその意義を強調する見解もある。

だが、必ずしもこうした哲学的・宗教的な文脈にかぎらず、この字の広義での使用は一般化していた。加えて、唐の第三代皇帝高宗（有名な則天武后の夫）の本名が治《ち》であり、古来、皇帝の名前に使われている字は使用をはばかるしきたりであったため、唐代のかなり長期間にわたって「治」字は使用禁止となり、多くの場合「理」字で代用された。たとえば「孝治（孝によって治む）」を「孝理」というように。そのため、「治」字がもつ政治分野での使用頻度を、ほぼそっくり「理」字が請けおうことになった。〈理〉は日常語化した。

日本の儒者が書物を通じて理の思想に触れたとき、その用法をも含めて、それは新鮮に感じられたであろう。日本語では〈理〉は日常語ではなかったからである。彼らはこの語を積極的に導入して、新思想を鼓吹した。明治時代、ドイツ観念論哲学を移入した人たちが、カントやヘーゲルの書物に出てくるドイツ語に新鮮な感動を覚えて、それまでの漢語にない熟語を創造して日本語に置き換えようとしたのと類似する現象が生じたと思われる。カントもヘーゲルも、実は新たな単語を創造したわけではなかった。それまで使われていた語の意味内容を借用しながら、そこに彼らの哲学の文脈における特殊な意味あいを持たせるようにしただけのことである。そうすることによって、自分の言わんとするところを、読者に伝えることができたからだ。同様に、おそらく宋代において、理は普段から人々が使っていることばであった。だからこそ、当時の人々には、玄学や華厳教学の深い素養がなくても、朱熹が語っていることの内容が理解できたのである。

その証拠に、朱熹と門人たちとの問答において、「理とはなんぞや」という議論はなされた形跡がない。理は、「〇〇は理だ」という述語の形で用いられる、説明のための用語であって、「理とはかくかくしかじかのものである」と主語として説明を要する語ではなかった。「性即理」にしろ「心即理」にしろ、「○○は理だ」の形になっている。これと同じことは、〈気〉についても言える。

2　二程の功績

当時日常生活で使用されていたであろう〈理〉という語に、世界の原理・真理の意味を担わせることで、朱子学の哲学体系は構築された。これを自覚的に最初に宣言したのは程《てい》顥《こう》で、彼は「自分の学問は先人から学んだ所が多いけれども、ただ〈天理〉の二文字については、自分自身で体得した」と述べている。そして、その弟程頤《ていい》にいたって、「性即理」の説が定立された。

> 性は理である。いわゆる〈理性〉のことである。この世の中の理は、由来をたずねてみれば善でないものはない。喜怒哀楽（といった感情）も、〈未発〉の段階ではすべて善である。それらが外にあらわれても節度にかなっておれば、ことごとく善でないものはない。（『河南程氏遺書』巻二二上）

ここで〈理性〉とは、リーズン（reason）の翻訳語として現在普通に用いられている

「りせい」の意味ではない。明治初期の啓蒙思想家西周《にしあまね》がその翻訳語として採用する以前からのもとの意味、仏教で〈事相《じしょう》〉の対概念として使われていた、ものの本性を指す用語である。仏教用語なので、日本語での一般的な読み分けにしたがい、呉音読みして「りしょう」と読んでおこう。

程頤が「いわゆる（所謂）」と言っていることからわかるように、〈理性〉という語は当時すでに一般的だった。そもそも、仏教の僧侶たちが教説を説明するためにこの語を用いていたということは、〈理〉と〈性〉という二つの字を結合させて、ものの本性について語る思考が成立する基盤が、彼以前に存在していたことを示している。程頤は、中国思想において古くから課題となってきた〈性〉の説明に、あらためて〈理〉という語を持ち出したのである。

「性は理である」。この言述の構造によれば、〈性〉が解説を必要とされる、いまだ明らかになっていない概念、〈理〉は聞き手にとっても既知の、明確な概念である。〈性〉という概念をめぐっては、先秦時代の儒家成立の当初より、幾多の解釈・説明が存在していた。文献的にその最も古い論争を、私たちは『孟子』告子《こくし》上篇の有名な性善説に見ることができる。

「性には善も悪も決まった性質はない」とする説、「君主の政治がよろしきを得るかどうかで、人々の性は善になったり悪になったりする」という説、「性は人によって異なり、善なる人もいれば悪なる人もいる」という説、これらの諸説に対抗して孟子が唱えたのは、これらのなかで最も簡潔かつ単純な「人はみな善なる性を持つ」というものだった。現在、私たちが目にする儒教の概説書では、この孟子のテーゼがその発話時点からすでに確立した正統派の教説であり、孔子以来二千五百年間変わらなかったかのごとき書き方をしているものも見受けられるが、それは歴史的事実ではない。孟子の性善説が正統の地位を手にするのは、程頤・朱熹らがこれを「性即理」として定式化したことによってなのである。念のため付言しておけば、孟子本人は自分の性善説を〈理〉という語を用いて説明したことは一度もない。

では、程頤は孟子性善説を定式化するうえで、なぜ〈理〉という術語を述語として選んだのか。それは、兄とともにその概念化に成功した〈天理〉と結びつくからであった。

天にあれば〈命《めい》〉といい、人にあれば〈性〉という。(『河南程氏遺書』巻一八)

『中庸』冒頭の一句「天の命ずるをこれ性と謂《い》う」を言い換えた、程頤の発言である。すべての人は、天から〈命〉として〈性〉を賦与されている。天には〈理〉があって、これが世界全体を統一し秩序づけているのだから、したがって、これらの個々の〈性〉はすべて〈天理〉の一部として同質である。それが、孟子が言おうとしていた「人はみな善なる性を持つ」ということの意味である。程頤の考え方はこういうことになろうか。

3　朱熹による体系化

朱熹はみずからを二程の忠実な継承者と位置づけた。父親やその友人たちの手元に収集されていた二程の語録資料を整理するなかで、巷間に流布している二程語録やその門流たちによる解説は、二程の真面目を伝えるものではないと考えるようになり、多数派の見解を批判するかたちで自己の所説を確立させていった。そもそも、今日二程の思想を語る際に普通に利用する、上でも引用した『河南程氏遺書』なる語録資料は、朱熹の編集にかかる書物である。

朱熹が「性即理」と並んで〈性〉の説明に好んで引用したのは、張載の「心は性と情とを統括するもの（心統性情）」という句である。ところが、この句は来歴不詳で、現存する張載の文章・語録には見えない。彼の語録と称するものに引かれているのは、朱熹が引用したものの単なる孫引きである。したがって、張載が実際にこの句を述べたのかどうか、もし仮にそうだとして、それがどのような文脈でどういう含意をもってなされたのかは、現在のところ不明である。少なくとも、朱熹がこの句を愛用したということは、それだけこの句が朱熹の思想体系にとって都合のよいものであったことがわかるだけである。

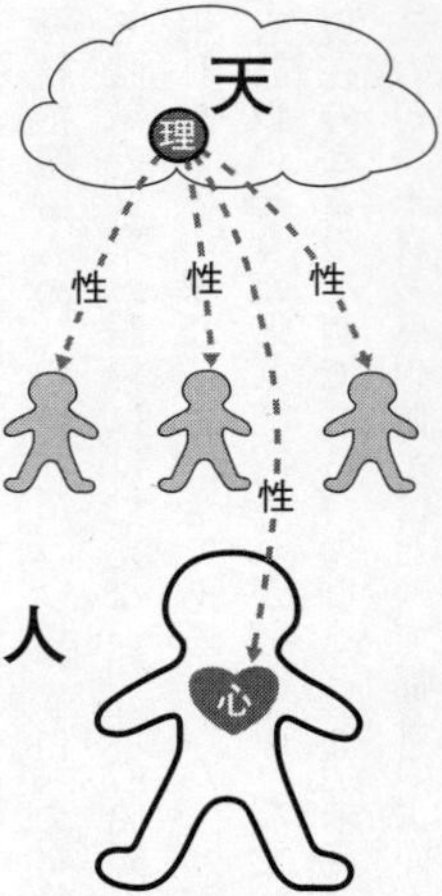

性即理のイメージ

天の理だとされた性は、人間の心の一部でしかない。他方に情というものが存在する。この語も、日本語の語感から、なにかしっとりとしたものを連想すると朱子学を誤解してしまう。中国語としても〈情〉には男女関係を指す用法はあるが、朱熹がここで言おうとしているのは、そういうことではない。これまた、彼以前に何百年という前史を持つ、〈性〉と〈情〉との関係をめぐる議論を理解しないことには解けないのである。

前に引いた程頤の発言のなかに、〈未発〉という語があった。もう一度確認しておこう。

> 喜怒哀楽（といった感情）も、〈未発〉の段階ではすべて善である。それらが外にあらわれても節度にかなっておれば、ことごとく善でないものはない。（『河南程氏遺書』巻二二上）

ここで私が括弧に入れて補った訳語は、程頤の発言の聞き手や朱熹の編集物の読者にとっては、まったく不要であったろう。なぜなら「喜怒哀楽」といえば〈情〉に決まっているからである。喜怒哀楽の四つ、もしくはこれに愛悪《お》欲の三つを加えた七つは、人が他者に対して示す感情的態度の類型範疇であった（ここでの〈悪《お》〉は、「わるいこと」ではなく、「にくしみ」という意味）。儒家思想においては感情のむきだしな表出は控えるべきこととされ、これらの感情をどう統御するか、あるいは統御することが可能かが、修養論の一つの主題であった。禅仏教の成立後はその影響を受けて、儒教においても平常心を保つための精神修養法が説かれるようになる。たとえば、二程の家庭教師であった周敦頤は、〈主《しゅ》静《せい》〉という語によってこのことを説いている。

『中庸』に「喜怒哀楽の未《いま》だ発せざる、これを中と謂う。発してみな節に中《あた》る、これを和と謂う」という文章がある。上の程頤の発言は、この文章をふまえていることがわかろう。〈未発〉とは、感情を引き起こす対象とまだ接していないために、当該の感情が生じていない段階である。対象に接すると感情が生じる。たとえば、〈怒〉の感情である。人にとって感情は不可欠であり、しかも人倫にもとる行為を知った場合には、むしろ怒らなければならない。ただし、その怒り方が問題なのである。表出の仕方が節度にかなっていること、すなわち、しかるべき手順をふまえて礼に適合した形で自分の感情表現をすること、それが人格者としての君子の振る舞いであるとされる。すなわち、正しい怒り方や正しい悲しみ方があるわけだ。

4 心の主体性へ

儒教では古来こまかな礼式の規定をもうけて、人間関係を律してきた。その様相はまた別の章で述べるが、本章の文脈に限定していえば、〈情〉の表出が〈理〉であるところの〈性〉に即してなされることが望ましい。朱熹は、『中庸』の上記の箇所に次のように注釈をつけている。

喜怒哀楽は情である。それらの未発は性である。かたよるところがないのを中という。表出してすべて節度にかなっているのは、情の正しいすがたである。それにそむくことがないのを和という。(『中庸章句』)

未発の性のあらわれが已発の情であり、それが対他関係を築いていく。人としてのふるまいは、その時点で理にかなっているかどうか問われるわけだが、そのためには常に心を理=性に純粋な状態に保ち、感情の表出が適切に行われる準備をしておかなければならない。程頤の〈主敬〉を継承して、朱熹も敬の重要性を強調する。その思想的根拠となるのは、こうした修養が決して外部的規範による強制ではなく、個々人のなかにあらかじめそなわった天理としての性にしたがってなされているのだということである。臣下が君主に、子が親に、妻が夫に絶対服従するのは、天の理である。それは支配階級や親権者やジェンダー構造によって無理矢理そうさせられているのではなく、自然の摂理なのである。この三種の人間関係は、漢代以来〈三綱《さんこう》〉と呼ばれていた。その前提のうえに、予定調和的な人間関係の網の目を構築していこうというのが、朱子学の社会論であった。

しかし、それは一部の人々にとって息苦しく感じられてもいた。より直截に人の感情に即した説明が求められたのである。陽明学はそれに応えるものであった。

「心は理である（心即理）」。この命題は朱子学流の性即理説を前提とし、それに対する批判であるというところではじめて意味を持つ。朱子学でも、程頤と張載との上述した二つの命題を重ねれば、「理は心に宿る」ということになる。したがって、ここでも心の問題は重要であり、「朱子学も心学だ」として陽明学との同質性を主張する見解もある。しかし、この議論は、朱子学における〈心〉と陽明学における〈心〉とではその表象内容・意味連関が異なっており、両者それぞれの「心学」はまるで違う内実であることを軽視している。

陽明学で言う「心は理である」には、「だが、性は理ではない」という含意は一切ない。むしろ、性即理については朱子学と同じ認識に立っている。問題は、むしろ「心統性情」のほうにある。朱子学が心と性とを概念上はっきりと区別するのに対して、陽明学では心も性も同じものとする。そのために性即理はそのまま心即理になるのだ。

朱子学は、朱熹自身の分析主義的な志向、愛弟子陳淳のそれに輪を掛けた整理好きによって、これら諸概念の区別、相互関係の説明に熱心であった。その意味では「哲学的」と言えるかもしれない。これは儒教の伝統のなかでは、経書に出てくる文言・術語の意味内容を一つ一つきちんと確定していく訓詁《くんこ》学の系譜に属している。しばしば、概説書において「朱子学は漢代儒教の訓詁学を批判する風潮の中から生まれた」とする記述を見かけるが、正しくない。二程やその門弟たちの頃の道学はさておき、朱子学は、朱熹の個性によってきわめて訓詁学的な相貌をそなえるにいたった。朱子学の精緻な体系性は、個々の術語を厳密に定義していくことによって成り立っている。

ところが、陽明学にはそれがない。というより、そうしたスコラスティックな知の体系が、人としていかに生きるべきかという切実な課題と無縁なものになりおわっているというのが、王守仁が朱子学に反旗を翻したそもそもの理由であった。「外物に対処する際の感情を統御するために、物と接する以前の時点においてあらかじめ心を修めておく」という朱子学の敬の修養法は、日々さまざまな物事に連続・不断に接していかざるをえない、人の日常生活を無視した机上の観念論にすぎない。むしろ、外物と接触するその現場において、みずからの心を正しく持っていくことを実地に身につけていく、それが陽明学にいう事上磨錬《じじょうまれん》であった。

そこでは、未発・已発といった段階の立てようがない。心は性と情という別個の段階を統合するための名称なのではなく、性をそなえ情が動いている、まさしくその場のことを指す用語である。したがって、心と性との修養論上の区別も無意味となる。王守仁の考え方では、心が外物に感じて動く、その動きそのものの正しさが理なのである。しかも、朱子学の格物とは違って、物も内心から発するとされた。

心の外部に物はない。自分の心が親に孝行しようと念いを起こす場合、親孝行することが物なのだ。(『伝習録』上)

心の本体は性であり、性即理である。だから、親孝行しようとする心には孝の理がある。親孝行しようとする心がなければ孝の理もない。主君に忠誠を尽くそうとする心があれば、忠の理がある。主君に忠誠を尽くそうとする心がなければ忠の理もない。(『伝習録』中)

つまり、朱子学と陽明学とでは、同じ〈心〉という語を使いながらも、その内実が異なっている。というか、ずれている。したがって、朱子学の〈性即理〉に対抗して陽明学が〈心即理〉を主張したわけでは、本来はない。ところが、〈性〉と〈心〉が同一次元の異なる概念として受け取られると、両者が相対立する主義主張とみなされることになってしまう。そのために、二つの学派の相違を表す端的な表現として、これらの標語が強調されることになっているのが実情だと言えよう。

第7章 格物と親民

前章は「性即理と心即理」と題して、通常、朱子学と陽明学の相違を端的に表現するとされるこの二つの標語が、実はそれぞれの学知の異質さに由来するもので、意味内容に本質的な違いがあるわけではないということを説明した。この章はこれを承けて、『大学』解釈の問題を取り上げる。

1 格物とは何か

前章の議論に対しては、ただちに次のような疑問が浮かんでこよう。すなわち、〈性即理〉と〈心即理〉とが、内容的には似た意味だとしても、そのことは同じ内容を異なる標語で表現するということになるわけだから、したがって、この二つの語はやはり朱子学と陽明学との差異を明確に示す恰好の事例なのではないか、と。たしかに、一面ではそうも言える。前章で述べた朱子学と陽明学との間での〈心〉の表象内容の相違を理解したうえで、あえてこの二つの語を両者の差異性を示す標語として掲げる場合には、そのように意識して用いられているのであろう。しかし、ここには以下のような問題点が潜んでいる。

朱熹が程頤の発言を継承して〈性即理〉を強調した時、その意味は、「われわれに生まれつき備わっている本性は、宇宙の個物すべてがそれぞれに持っているそうあるべきあり方の、われわれ人間についての現れであり、したがって、宇宙の秩序と調和的なのである」ということであった。しかし、人間は多くの場合、そのことに気がつかない。朱熹はその理由を、われわれが〈気〉に覆われているからだと説明する。そこで、われわれは、まず自分自身を含めた宇宙の物事を対象とする知的探究を行い、〈理〉とは何かを体得しなければならない。それによって人間は人間としての本来のあり方に気づき、そのあるべき姿に適った生き方をすることができるようになる。――こうした考え方にもとづいて、朱子学的な修養が求められる。それが本章の主題である〈格物〉であった。

一方、陽明学の〈心即理〉とは、前章で述べたように、生身《なまみ》の人間が今ここで精神的活動・肉体的行為を行う、そのありさまそのものが宇宙の道理に由来するという意味である。つまり、宇宙の道理とは、活動や行為の主体であるわれわれ人間の外に探究すべき事柄なのではなく、自分がそれらの活動・行為を行う、その場その場で確認されていくべきものとなる。そして、その根拠とされたのも、やはり〈格物〉であった。つまり、どちらも格物に重点を置いているという意味では同じなのである。

言い換えると、同じ〈格物〉という語が違う意味内容に解釈される、その解釈上の相違が、朱子学と陽明学との差異を示している。性即理と心即理という標語の違いが重要なのではない。根本的には、〈格物〉をめぐる理解の仕方にこそ、両者の相違点がある。

〈格物〉という語は『大学』に見える。『大学』という文章はもともと『礼記《らいき》』の一つの篇であった。作者は不詳。現在の文献学的な研究によっても、紀元前五世紀の作品とするものから紀元前二世紀の成立と見るものまで、諸説が並存している。儒教の経学においては、曾子《そうし》門人が孔子・曾子の所説を記録したとみなしていた。宋代になると、たとえば司馬光がこの篇だけ取り出して注解を加えたように、他の『礼記』諸篇とは独立して読まれるようになる。特に道学においては、創始者である二程以来、これを孔子一門の遺書として尊重しており、朱熹によって、やはり『礼記』の一篇であった『中庸』とともに特出され、『論語』『孟子』と並ぶ四書の一つに位置づけられた。

朱熹はそれ以前からの説をふまえたうえで、『大学』の要点は三綱領八条目《さんこうりょうはちじょうもく》にあるとする。いずれも『大学』の冒頭部、朱熹によって〈経〉――この場合の〈経〉は〈伝〉に対する語で、『大学』という経書全体のなかでも中核をなす孔子の発言部分という意味――と呼ばれた箇所に見える。三綱領とは、明明徳《めいめいとく》・親民《しんみん》・止至善《ししぜん》。このうち、「親民」は「新民」の誤字であるとするのが、程頤・朱熹の見解である。八条目とは、格物・致知・

八条目	三綱領
格物	明明徳
致知	
誠意	
正心	
修身	
斉家	新民
治国	
平天下	止至善

『大学』の三綱領八条目

誠意《せいい》・正心《せいしん》・修身《しゅうしん》・斉家《せいか》・治国《ちこく》・平天下《へいてんか》。三綱領八条目はすべて中国語のいわゆる動賓構造、すなわち英語のVO構文から成っている。したがって、格物も「格」が動詞、「物」が目的語である。

問題は、その〈物〉とは何か、〈格〉とはどういう動作かということにある。古来、この句に対してはさまざまな解釈が施され、司馬光の場合は〈格〉を「扞ける」の意味に解している。格物とは外界の邪悪なもの、心を惑わせるものをシャットアウトすることであるというわけだ。朱熹の『大学章句』における解釈も、そうした諸説並立状況に新たに一つを付け加えるという形で登場した。

〈格〉とは〈至〉である。〈物〉というのは、〈事〉と同様の意味である。

格を至、物を事と、それぞれ別の字に置き換えることで経文の意味を説明している。こうしたやり方を訓詁と呼ぶ。ここで朱熹が述べていることは、この文脈においては〈格〉字を〈至〉と同じ意味で読めということであって、いつでもどこでも〈格〉は〈至〉の同義語だということではない。後半の「同様の意味」(原文では〈猶〉)とは、厳密には異なる内容ではあるが、ここでは同じことだと理解しておけという程度の意味である。したがって、必ずしも同義語ではないが、読者にとってよりわかりやすい語に置き換えて説明する場合に愛用される手法である。〈事〉とは朱熹の通常の用法においては個別具体的で多様なものごとの関係性を指して使われており、その意味では〈物〉とは別の概念である。しかし、ここで彼が主張しているのは――彼の立場から言えば、孔子がこの〈物〉という字に込めた意味内容は――、物とは別に事があるということではない。個別具体的なものごとに即してその理を窮めていくという意味であった。そのことを、彼は格物致知の補伝の中で明言している。

2 格物致知補伝

そもそも、格物をめぐる解釈が古来紛糾していた主要な原因は、『大学』の中で明示的にこの語を説明する文言がないことであった。他の綱領・条目についてはそれぞれ説明の文言があるのに――朱熹は致知についても欠けていると解したが、それは彼がテキストの順序を改変したからで、元のものには説明文に該当する文言がある――、格物についてだけは何をもって格物というのかの解説が見えないのである。朱熹はその理由を、「本来はあったものが秦の焚書坑儒《ふんしょこうじゅ》などの影響で亡失したのだ」と解釈した。そして、二程の意図を汲んでこの亡失部分の復元を試みる。それが後世「格物致知補伝」と称される、一四四字からなる文章で、『易』に由来する「理を窮む」もそこに見える句であった。

格物のこの新解釈をめぐっては、当然、朱熹一門の間でも話題になることが多かった。『朱子語類』巻一五には六十条にのぼる師弟問答を収めている。いくつかを紹介しよう。

「格物というのは、格とは尽くすということで、ものごとの理を窮め尽くす必要があるんだ。二、三割を窮めただけでは、まだ格物ではない。十割窮め尽くしてはじめて格物と言えるんだ。」

文振《ぶんしん》（鄭南升《ていなんしょう》）が質問した。「物とは理があるところで、人間ならきっと持っており、ないはずのないものですよね。どうして切実だとおっしゃるんですか？」「君臣・父子・兄弟・夫婦・朋友（のいわゆる五倫《ごりん》）は、どれも人間なら具えていないはずのないものだ。でも学ぶ者は窮め尽くす必要があるんだよ。父母におつかえするには孝を尽くすべきだし、兄弟とつきあうには友（という兄弟間のあり方）を尽くすべきだ。こんなふうに、尽くすということが肝心なことなんだ。もしちょっとでも尽くさないことがあったら、それは窮めたということにはならないんだ。」

「格とは至るという意味で、実際にそこまでたどり着くということだよ。たとえば、南剣州《なんけんしゅう》の人が建寧府《けんねいふ》（建州）に向かって旅をする場合、府の役所に到着してはじめて「至る」と言えるだろう？（建寧府に属する）建陽県《けんようけん》との境に着いただけでは「至る」とは言えないじゃないか。」

この最後の例などは、彼らの日常生活の実感が出ていて興味をそそられる。ただ、この話には素朴な疑問が湧く。ここに出てくる三つの地名の地理関係を見ると、南剣州の人は建寧府庁がある建安県を通り過ぎないと建陽県にはたどり着けないはずなのだ。朱熹の勘違いか、記録者または編集者が建安と建陽とを取り違えたか。

それはともかく、具体的な個々のものごとについて、その理を窮め尽くして自分のものにすることが格物であり、八条目の第一段階であった。以下、そうして得た識見を推し及ぼし（致知）、みずからの意思を誠実にし（誠意）、心持ちを公正にし（正心）、自分の行動を統御し（修身）、一家一族をきちんと統率し（斉家）、諸侯として領地を統治し（治国）、天下万民を安んずる（平天下）。それが人たる者の務めだというのである。

ここで、注意されるべきことは、元来、『大学』の原著者は対象を君主にしぼってこの教説を説いたと思われるのに、朱熹たち道学者は、士大夫一般に向けての教説と受け止め

ている ことである。第2章で述べた、先憂後楽し、万世の為に太平を開く精神を説いた文献として、『大学』は彼らの聖典となった。

それと関連して、聖人概念の変質がある。それ以前の儒教における〈聖人〉とは、人格的な有徳者であるのみならず、社会秩序を整える政治的な王でもあった。したがって、特定のあらかじめ選ばれた人物のみが聖人たりうるのであり、誰もがそうなれるわけではなかった。聖人を王として上に戴き、その統治を補助することが、一般人にとっての理想であった。ところが、宋代には程頤が「聖人学んで至るべし」と言い切ったように、聖人はそう志す者全員にとっての目標となる。王としてではなく、士大夫として民に臨むこと、具体的には科挙官僚としてあるいは在地有力者として秩序に責任を持つことが、聖人の社会的ありかたとみなされるようになった。その場合の聖人とは、内面陶冶《とうや》によって完全無欠な人格者となることであった。

朱熹はこうした聖人観に立って、格物の重要性を説いた。すなわち、真摯《しんし》に士大夫たろうとする者は、まず格物を成し遂げるべきなのである。しかも、彼は中途半端な状態では〈格〉とは言えないと繰り返し説いている。「物にいたる」ためには精神の極度の集中が要求されている——祖師の発言を朱熹後学はそう受けとっていく。格物致知と車の両輪をなすものとして程頤が説いたのは敬であり、朱熹もそれを継承していた。

ところが、朱熹の補伝作成は、朱子学を奉ずる者の中でも全幅の信頼を得ていたわけではなかった。『大学』原テキストの中ですでにそうしたことは言われており、この補伝は不要であるとする見解が、何人もの学者によって繰り返し提起されている。その系譜には、呉澄《ごちょう》・方孝孺《ほうこうじゅ》・蔡清《さいせい》・林希元《りんきげん》といった、元代・明代を代表する朱子学者たちが名を列ねている。彼らはそれぞれ微妙な差異をはらみながらも、経文の本来の配列を変更することによって、朱熹が言おうとしていたことを経文そのものによって補完していった。その論理は朱子学の枠内で朱熹の創見を部分的に批判するものであった。

そうした潮流とも関わって、一六世紀ともなると、豊坊《ほうぼう》という人物が「石に刻まれた三国魏の時代の『大学』テキストを入手した」という触れ込みで、彼自身の改定によるテキストを公刊する。一時は多くの学者がそれを信じ、朱熹の改訂版を否定する根拠に利用する騒ぎとなった。朱熹が、彼自身の信条にもとづきつつ、訓詁学的な手法によって構築した『大学』解釈学の権威は、すでに疑問視されるようになっていた。

3 「至る」から「正す」へ

豊坊と同世代に、首都北京で庭の竹を相手に格物している青年の姿があった。王守仁である。そののち彼は龍場の大悟によって、こうした方法の誤りに気がついた。外物に理を求めたのは間違いであった、と。

格物は、『孟子』の「大人は君心を格《ただ》す」の「格」と同じで、心の不正を取り去り本来具えている正しさを回復することだ。(『伝習録』上)

『孟子』離婁《りろう》上篇に見える句を根拠に、ここでも「格」は「正」の同義語であって、朱熹が言うような「至」の意味ではないとの趣旨である。つまり、格物は「物にいたる」という外物に依存した動きではなく、「物をただす」という内面主体の様相で理解されることになる。

王守仁においては、八条目は段階ではなくなる。物を正すということはすなわち良知の働きによるもの(致知)であり、それには内面が誠意・正心という状態であることが必要であった。そもそも、朱熹の分析癖とは異なり、王守仁は意と心との区別にも無頓着である。この四つの修養課程を並列的に述べたのが、第4章で紹介した四句教にほかならない。銭徳洪の理解するものを再度掲載しておこう。

無善無悪は心の体
有善有悪は意の動
知善知悪はこれ良知

為善去悪はこれ格物

ここでは格物よりも心のほうが根本概念として前に据えられている。それは正すべき対象としての心（＝朱子学の正心）ではなく、外物に向かって精神的活動・肉体的行為を繰り広げていく主体としての心であり、善悪を超越した絶対善の位相に置かれた「正しい心」なのであった。これが左派の王畿ともなるとさらに徹底して無善無悪を説き、意も知も物もみな善悪の差別相を超越して絶対的に善だとするわけである。

これに連動して、『大学』冒頭の一文に対する解釈も、朱子学と陽明学とでは相違することになる。原テキストは次のような文言からなっていた。

大学之道、在明明徳、在親民、在止於至善。

これを漢代末期の経学者鄭玄《じょうげん》の訓詁にしたがって堅い日本語に直すとこうなる。

大学の道は、明徳を明らかにするに在《あ》り、民に親しむに在り、至善に止《とど》まるに在り。

二番目の句については、「明々たる徳に在り」という読み方も語法上ありえるが、鄭玄をはじめ、朱熹も王守仁も上のように読むことで見解が一致している。最後の句も「至善に止まるに在り」で疑点はない。問題は三番目の句である。ここの「親」字を、程頤は「新」の間違いだとみなして「民を新たにするに在り」と読んだ。『大学』の後文に『尚《しょう》書《しょ》』からの引用として「作新民」という文言が見えるので、それとの整合性を図るためである。道学ではこの改定が当然のこととして共有された。朱熹もこれにしたがい『大学章句』に「〈新〉とは、旧いものをあらためることの謂《い》いである」と注をつけている。つまり、「在明明徳、在新民」の意味はこうなる。

> 自分みずからの〈明徳〉を明らかにすることができた者は、さらにそれを他人に推し及ぼし、人々がもともと染まっていた汚れを同様に取り去るように仕向けるのである。

〈明徳〉とは、道学においては、各人に生まれつきそなわった善性すなわち天理のことである。朱熹の言う意味は、先覚者が人々を教導し、万人みなが天理に立ち返った生き方をすることで天下泰平がもたらされるとなる。彼はそのことを「修己治《しゅうこち》人《じん》」とも表現する。まず自己修養した者が為政者となって人々を教育感化する。朱子学における倫理学と政治学の結合はこの理論によって立っていた。そこには士大夫の、民衆を上から見おろす視点が明瞭に表れている。

4 新民か親民か

朱子学が体制教学の地位につくと、学生たちは彼の改訂版『大学』によって読書学習するようになる。もともと「親民」であったことは、テキストの上では形として残ったものの、そこは「新民」に読み替えることが当然の前提として人々に共有されていく。王守仁にとって、もともと鄭玄たちが注釈を施した時にはここを「親民」そのままで解釈していたことは、むしろ後から知った新発見であり、驚きをもって回顧されている。

王守仁は〈親民〉を文字そのままの意味で解釈した。と言うより、そうでなければならないと主張した。なぜなら、孔子は修己と治人とを段階として区別してはいないからである。自己修養を完成した人物があらためて他人を教導して改新させるのではない。民衆とまじわること自体がみずからの修養なのである。そのことを彼は「事上磨錬」と呼んでいる。朱子学がまずは書斎での学問と静坐を要求するのに対して、現場主義とでもいうべき性格が陽明学には強い。日本で行動主義的に理解されたのも、こうしたところに由来している。

整理すればこういうことになろう。朱子学において、格物とは窮理の同義語であった。宇宙を貫く法則を理解し、それに従った生き方をすることで、人々を教導する立場に身を置くことができる。すなわち「新民」である。一方、陽明学においては、格物は「心を正す（正心）」ことと実質的に同じである。それだけではない。斉家や治国も、わが心のありかたによって実現しうるものとみなされる。朱子学のように順序をふまえ段階をおって最終目標の平天下に行き着くのではなく、各人が格物することそれ自体が、平天下の実現なのである。しかし、それは朱子学側から見れば途方もない現実遊離であった。陽明学が誕生したことによって朱子学は力を失ったわけではない。むしろ、陽明学への批判を通じて、社会秩序構想における朱子学の特質がより鮮明に浮き上がってくることになるのである。

第8章　天理と人欲

前章は「格物と親民」と題して、『大学』経文の解釈をめぐる朱子学と陽明学の差異を指摘し、それがどういう由来かを紹介した。この章はこれを承けて、この差異が持つ思想的・社会的意義について述べる。

1　天理の発見

朱熹が編集した謝良佐《しやりようさ》の語録『謝上蔡語録』に、師である程顥の発言を彼が伝えたものとして次のような一節がある。

わたしの学問は先人に学んだ所が多いが、〈天理〉の二字については自分で会得したものだ。

この語は、やはり朱熹の編集になる『河南程氏外書』にも引かれている。おそらく出所は同じく謝良佐の記録したノートなのであろう。朱子学・陽明学について語る場合、この二文字の熟語をはずすことはできない。

〈天理〉という語は、しかし、程顥の上の述懐とは異なって、すでに古典に見える。『荘子』にも何箇所か出てくるし、儒家系統の文献としては『礼記』の楽記《がっき》篇に出る。楽記篇は伊藤仁斎が早くから指摘し、現在の文献学研究でも内容的に道家からの影響が窺える文献とされており、『荘子』と共通の思考が見えても不思議ではない。その後も、〈天理〉という語はいくつかの書物に使われていて、決して程顥の造語というわけではなかった。彼の述懐は、既存のこの語にこめた彼ら兄弟の思想的内容が、誰かの教説を継承したものではないことの宣言だと受けとるべきであろう。

事実、唐の劉禹錫《りゅううしゃく》「天論」では「人の理が天の理に勝つ」ことが、人間界にとって好ましいこととして語られていたのに対して、二程においては〈天理〉は万人が従うべき宇宙的秩序を表現する語として、絶対的な価値を持つものになっている。

第6章「性即理と心即理」で述べたとおり、また、第10章「理と気」で述べる予定であるように、〈理〉は当時の日常語であった。秩序の根拠を指し示す語として宋学の各流派はこの語を愛用した。しかし、〈理〉が従うべき規範であるその根拠は何かということについては、明確な提示がなされていなかった。〈天理〉という表現は、〈理〉が〈天〉に由来することを明確にし、それゆえ自然界と人間界を通底する秩序原理であることを示す恰好の熟語なのであった。程顥においては〈天理〉とは「天の理」であった。「性即理」とは、天が賦与したものである以上、各人には善性が生来そなわっているという意味であった。その根拠となるのは、『中庸』冒頭の「天命之謂性（天の命ずるをこれ性と謂う）」である。すでに指摘したように、このもともとの文面には〈理〉字は登場しない。二程の門弟たちの間では〈天理〉が頻用された形跡はない。むしろ、〈心〉をめぐる問題に考察の焦点が置かれ、王安石学派や蘇軾学派との抗争を通じて道学独自の修養論が練られていった。〈天理〉は朱熹によって再発見されたと言っても過言ではない。語録編集の作業が、彼をこの語に引き合わせたとも考えられる。

朱熹が〈天理〉の対概念としてしばしば用いたのが〈人欲〉であった。各人にそなわる天理としての性は、ヒトという形態を取るために必要な〈気〉にまじっている粗雑物、すなわち〈欲〉によって発現を妨害されている。この悪の要因を除去し、本来の至善に帰ることが、修養の目的であると、朱熹は説いていた。『大学』冒頭の例の一文の注解に際して、「止於至善」の説明として「天理のきわみにまで至って、ひとかけらの人欲もない」と述べているのがそれに当たる。両者は正負の関係にあり、天理すなわち明徳を明らかにすることによって、人欲を滅尽できるという論理が成り立っていた。「存天理滅人欲（天理を存して人欲を滅する）」が、朱子学の修養論における基本的立場である。

陽明学もこの点では同じである。王守仁の語録『伝習録』には「存天理去人欲（天理を存して人欲を去る）」という句が頻出する。彼においても、天に由来する理として人間に内在する性を涵養《かんよう》することが、聖人への道であった。ただし、両者は〈人欲〉の表象内容をめぐって見解が対立する。滅すべく去るべき〈欲〉とは何か。そのことを歴史的経緯に沿って説明しなければならない。

2 人欲との闘い

王守仁に先行すること約五〇年、西暦一五世紀前半の江西に呉与弼《ごよひつ》という人物がいた。晴耕雨読を実践する在野の士大夫であった。ある時、農作業中に鎌で自分の指を傷つけてしまう。その際、彼が言ったとされる語は、当時、聖人をめざして修行する者たちが朱熹のテーゼをどう理解していたかを端的に示している。「〈物〉に負けてなるものか」。彼にとって肉体的な苦痛とそれに伴う治療の要求は〈物〉、すなわち聖人めざして修行する主体としての自分の心をまどわす邪魔なものであった。こうした人欲を滅尽することで本来の人間性（明徳・天理）が明らかになると彼らは考えたのである。王守仁が竹の理を窮めようとしたのと類似する、朱子学修養論のある種の形態が見て取れる。彼らはそれを〈敬〉の実践だとみなした。明代前半には、居敬窮理は二本立てというよりも、一体化した修養論として受け止められていたふしがある。

その原因は、一つには書籍流通の停滞ということにあったらしい。南宋で盛行した印刷出版文化は、明代前半には低迷していた。その原因としては、朝廷による思想学術統制、社会全体の窮乏化と不景気、対外交流の衰退などが考えられよう。呉与弼は政府高官の息子だが、経書の注解を一切遺《のこ》していない。彼は日頃から、詳細な注釈書の類を有害無益と評していた。

朱熹や陳淳が窮理に際して古今の良書を精読することを勧めたのとは相違して、明代前半の朱子学者たちは書物を通じた知見よりも、みずからの日常生活のなかで真理を体得する方法を第一義とした。『中庸』に説かれた（として朱熹によって定式化された）修養の二つの類型、尊徳性《そんとくせい》（徳性を尊ぶ）と道問学《どうもんがく》（問学に道《よ》る）のうち、前者に重心が置かれていく。そして、それは朱熹自身が言及するように、彼自身にはやや欠けていて、論敵陸九淵が強調する方面であった。

朱熹は、程頤の所説に倣うと称して、敬を尊徳性の、格物致知を道問学のための修養手段だとした。居敬と窮理（＝格物）が修養の二本柱だったのである。ところが、朱子学内部において、重心が前者に置かれるようになっていく。華北の金王朝の出身で、元代前半を代表する朱子学者許衡《きょこう》が敬を強調する背景にも、南宋とは異なり出版文化が盛んではなかった事情があったのかもしれない。元代になると、南方でも呉澄や宋濂《そうれん》のように、心学に分類される思想家が登場する。ただし、彼らの場合には大量の読書をふまえて自身多くの著述を遺しており、必ずしもすべてを書籍の流通量と結びつけて考えることはできない。こうした心学盛行という現象は、陸九淵の系譜が復活したというよりも、朱子学が尊徳性へと偏向することによって醸成《じょうせい》されたと解すべきであろう。呉与弼に一時期師事したこともある陳献章《ちんけんしょう》は、この路線を継承して〈心〉により天理を把握することの重要性を強調した。彼の門人湛若水は、それを「随所体認天理（随所に天理を体認す）」として定式化する。王守仁の事上磨錬にも近いこの発想は、読書による知の集積を人格形成の大前提とする朱子学の枠組みを揺るがすものであった。湛若水によれば、敬と致知とは車の両輪であって、別個のものではない。彼らは朱子学、特に陳淳に代表されるような分析的な理論を「先知後行《せんちこうこう》」だとして批判する。陽明学の知行合一とは、こうした流れから誕生したテーゼであった。何よりも重要なのは〈心〉の主体性の確立であり、経書はそれを傍証するものでこそあれ、それ自体が重要ではないという位置づけがなされる。それは、経書の注釈書を各種取り揃えておくことのできない読書環境にある者でも、聖人になりうることの宣言であった。当時主流派であった俗流朱子学のありかたへの批判として、彼らの〈心学〉が脚光を浴びていく。

陽明学者王時槐《おうじかい》は次のように述べる。

いわゆる居敬と窮理はどちらか一つを捨てることはできないけれども、つまるところは居敬の二文字で尽きている。居敬してはっきりわかったという点から、それを窮理というのであって、二つの事柄があるのではない。（「答郭以済」）

彼にとって、朱子学流の格物致知は窮理とはみなされていなかった。心の定立だけが目標となっている。陽明学が朱子学を超えるものとして登場したことの意義はここにあった。しかし、呉与弼と王守仁とにはある決定的な環境の相違があった。王守仁の時代になると、書物が巷間に再びあふれ始めるのである。特に彼の故郷浙江は、文化的中核地帯というこどもあって、各種の出版物が氾濫《はんらん》した。この活況は、当時の経済的な景気好転に支えられていた。

王守仁晩年の嘉靖《かせい》四年（一五二五）、『慈湖遺書《じこいしょ》』という書物が刊行される。慈湖とは、陸九淵の高弟だった楊簡《ようかん》の号。この刊行によって忘れられていた思想家楊簡が、いわば再発見されたという。そもそもこうした書物の刊行が示すように、楊簡自身は多くの著述を遺しており、これ以外に経書の注解もある。したがって、著作という営為に消極的だった陸九淵や陳献章とは異なるタイプの学者なのだが、しかし、その教説は師譲りの心学であり、それが陽明学形成期の時代思潮とも噛《か》み合って流行現象となった。いわば、再来した読書時代の心学における教科書となったのである。王守仁も早速それを読んだことは、

『伝習録』の下巻に言及があることからわかる（上巻と中巻は嘉靖四年以前の内容）。なお、楊簡がそれまで忘れられていた証拠として、西暦一五〇〇年ちょうどに没した陳献章には、彼に対する言及がほとんどないという。呉与弼については言うまでもない。

呉与弼にとって、人欲とは自己の肉体の欲求であった。そして、それは朱熹が想定していた人欲の内容とそうは異ならないものであった。ところが、王守仁の周囲において問題となる人欲は、そうした次元にとどまるものではなくなってくる。消費時代が到来し、人々は生活必需品以外のモノへの物欲を刺激される。限度を知らず肥大化する物欲を制御することで社会に再び調和を取り戻そうとする思想——陽明学の初発の社会的効用はそこにあったと思われる。

したがって、「朱子学の禁欲主義に対して陽明学は人間の欲望を肯定した」とするたぐいの評価は、一面的である。両者が想定する欲望の内実が異なるからだ。より正確には、宋代の問題と明代の問題とが異なっていたと言うべきであろう。

3　満街聖人

外にある理を窮めるのではなく、心の内なる人欲を正していくこと、それが格物であると王守仁は説いた。朱子学が外を向き、陽明学が内を向くという理解はここから生じている。そして、それはその限りで誤りではない。

しかし、上で述べてきたような文脈から捉え直すならば、むしろ陽明学のほうが外物を意識した修養論を説いていたことが見えてくる。八条目の階梯性を否定し、誠意を中核として八条目全体を一体のものとみなす思考は、格物致知が常に斉家や治国の場でなされる実践行為であることを意味している。陽明学が行動主義だとする、右とは一見相矛盾する理解は、この点を捉えてのものだと言えよう。

朱子学が道徳的修養と政治的実践を段階的に区別するのに対して、陽明学は現場主義の立場から両者の壁を取り払っている。彼らが生きていた社会の情勢が、書斎で文献的知識を弄《もてあそ》ぶことを許さなかったのである。より厳密に言えば、そう感じた者たちのやむにやまれぬ心情が、朱子学の枠を飛び出す陽明学として結集したのである。

宋代には程頤によって「学んで至るべし」とされた聖人は、王守仁にとっては万人に共通する人間本来の姿の表現となった。

ある日、王艮が外出から戻ると先生が質問なさった。

「外で何か見たかい?」

「街中の人がみな聖人に見えました。」

「きみには街中の人が聖人だと見えたろうが、街中の人にはきみのことが聖人に見えたろうよ。」

また別の日、董澐《とううん》が外出から戻り先生に申し上げた。

「今日、奇妙なことを見ました。」

「何が奇妙なのだい？」

「街中の人が聖人に見えました。」

「そんなことは普通じゃないか。何が奇妙なものか。」

『伝習録』の記録者によると、王守仁の応答が異なるのは相手に合わせた教育的配慮だという。いずれにしろ、「満街聖人《まんがいせいじん》」は陽明学の基本的前提となる人間観となっていく。以前述べたように、この時期の学者たちは多かれ少なかれ『伝習録』に親しみ、その影響を蒙《こうむ》っている。したがって、今まで便宜的に朱子学・陽明学という二項対立図式を使ってきたが、個々の学者を厳密に分類するのは不可能に近いし、たいして意味のあることでもない。私は便宜的に、八条目の階梯性を信奉するかどうかを朱子学者か否かの境界としている。「満街聖人」を認めれば、階梯的な修養は論理的に必ずしも必要ではなくなる。逆に陽明学への朱子学的立場からの攻撃は、主としてこの局面をめぐってなされることにもなる。

王艮（右）と董澐（左）への王守仁のうけこたえのちがい

4　社会秩序の根幹

王艮の系譜を引く泰州学派の楊起《ようき》元《げん》は、八条目後半の関係について次のように述べている。

> 家はもともと斉《ととの》っているのだ。わが身の好悪《こうお》が偏《かたよ》っているから斉わないだけのことだ。国はもともと治まっているのだ。わが身の好悪が偏っているから治まらないだけのことだ。天下はもともと泰平なのだ。わが身の好悪が偏っているから泰平でないだけのことだ。（「証学編」）

「自分の修身さえなされれば天下泰平が実現する」とでも言わんばかりのこの見解は、もちろん、彼が単純にそう考えていたことを示すわけではなかろう。社会には複雑な種々の事情が存在し、それらが調和的秩序の実現を阻害する要因となっている。そうした政治の初歩を彼が知らなかったはずはない。何と言っても楊起元は万暦《ばんれき》五年（一五七七）に進士となって活躍した高級官僚なのである。

泰州学派の主要人物には、実はれっきとした進士が多い。王艮はたしかに庶民だったが、それは数から言えば例外なのである。もちろん、それを受容した人々は大多数が進士になれなかった人たちだが、それは陽明学の右派でも朱子学でも同じことである。その点で泰州学派に顕著な階級的特徴は見出せない。

楊起元の上の見解も、世間知らずな書斎の学者による高踏的な理論ではなく、実地に行政を担当した経験を持つ為政者の実感に根ざしていると見るべきだろう。彼の意図は、政治の根本はどこにあるかという問題を明らかにすることにあったのだ。

同様のことは、別の陽明学者たちによっても述べられている。たとえば、劉文敏《りゅうぶんびん》という人物は、格物・致知・誠意・正心とはすなわち斉家・治国・平天下のことなのだとし、そこに儒教と仏教の相違があると論じている。仏教には斉家以下の社会性が欠如しているという意味である。前述の王時槐は彼の門人である。王時槐も誠意から平天下までは一つのことだと述べている。

陽明学の側が提示するこうした見解に対して、朱子学擁護の立場からは、その見解があまりに楽観的であることが指摘されていた。その所説は朱熹の説いた八条目の階梯性を重視するものであり、その点でなんら独創的ではないため、思想史的な注目を浴びることはほとんどなかった。しかし、陽明学が盛行する中で、あくまで八条目の階梯性にこだわり続けた人々には、やはりそれなりの理由があったと考えなければなるまい。その鍵は、斉家以下の三条目、すなわち社会秩序をいかに保つかという局面にある。

第9章

礼教と風俗

前章は「天理と人欲」と題して、欲望に関する宋代と明代の相違、および明代における朱子学と陽明学の対応について述べた。この章はこれを承けて、その背景をなす、両者の社会秩序観について論じる。

1　礼治の理想

儒教が社会秩序の根幹に据えるのが〈礼〉である。礼が太古の聖王による統治の実態であったという儒家の主張は、現在の目から見て歴史的事実とは認められず、儒教内部の神学的な言説にすぎない。しかし、およそ儒教信奉者である以上、学派の相違にかかわらず、夏殷周《かいんしゅう》三代の秩序のあり方を理想として眼前の現実問題に対処していくというスタンスをとることは共通している。道家の無為自然《むいしぜん》や法家の力の政治に対して、儒教が説いてきたのは精緻に構築された礼制にもとづく政治すなわち礼治であった。しばしば孔子・孟子は徳治主義者だと説明されるが、実はこうした言い方は明治時代の日本で発明されたものにすぎず、伝統的には〈礼治〉という言い方がなされる。礼によって統治すると民衆はそれに感化され、おのずと社会規範からの逸脱行為をしなくなる。民衆の生活実態は〈風〉もしくは〈俗〉という語で表現され、それを望ましい方向に変えていくことは、「移風易俗《いふうえきぞく》（風を移し俗を易《か》う）」と言われた。礼による教化によって風俗を矯正していくことが、礼治の手法だった。

欧陽脩にとって、礼治の最大の敵は仏教の蔓延《まんえん》であった。

> 仏法が中国の患《わずら》いとなってから千年以上、それに惑わされずにきっちりと物を言うだけの力ある人は、必ず仏教を除こうとしてきた。だが一旦除いてもすぐにまた集まってしまい、攻撃し撲滅してもすぐに勢いを盛り返してしまってどうしようもないということの繰り返しである。それはやり方がまだわかっていなかったからなのだ。（「本論」中）

彼は仏教の弊害をもとから絶つ術《すべ》を論じる。それは教義論争の次元ではなく、社会風俗の場面でなされるべき戦闘なのであった。

歴史的な経緯をたどるならば、そもそも仏教が中国社会に深く浸透したのは、従前からの風習（士大夫の言う〈風俗〉）になじみやすいようにみずからの教説を修訂したからである。たとえば、もともとのインド仏教には存在しない祖先祭祀の儀礼を積極的に構築し、その根拠となる経典をあらたに作成しさえした。その効果があって、唐代ともなると、社会の風習は仏教の教説に由来する（と称する）ものが多くなり、祖先祭祀についても仏教式の供養が一般化していた。欧陽脩はこうした現状に対する批判を、儒教の純粋化を志す意図から展開したのである。もちろん、儒教の純粋化とは、第1章ですでに説明したように、宋代の新たな潮流（欧陽脩自身がその指導者でもある）の立場からそう認識されたもののことであり、それ以前の儒者たちが自分は純粋ではないと自覚していたわけではないし、現在の思想史的視点から見て欧陽脩こそが正しい孔子の後継者であるというわけでもない。あくまでも宋代儒教の当事者が共有する自己認識としての純粋化ということである。

そして、宋学諸派はこの潮流のなかで礼教についての議論を展開する。いずれもが自分こそは儒教の純粋形態であり、孔子の正統な後継者であると主張した。その最終的な勝利者が道学、なかでも朱子学であったため、ともすると私たちは初めから色眼鏡でこの間の経緯を見てしまいがちであるが、王安石も蘇軾も、張九成も呂祖謙も、みな自分の教説を正統な儒教と考えていたのである。道学の立場から王安石や蘇軾が仏教・道教に汚染されているとしたり、朱熹の立場から張九成が禅に染まっているとか呂祖謙は雑学だと批判されたりしていても、それは党派間の批判として相対化して受け止める必要がある。

2 儀礼の再建

朱子学自体がその一流派であった道学は、北宋の末期に成立する。当時、儒教の主流派は王安石の流れを汲む新学であり、政治的にも新法党政権を支える思想として力を持っていた。その政策の一つの柱は「風俗を一にする」というものであった。徽宗《きそう》時代の祠廟《しびょう》政策、すなわち信仰対象となっている民間の宗教施設に対して、一部には国家公認のものとして名称や位階を与える一方で、一部に対してはこれを淫祀《いんし》とみなして破壊措置を講じるという、飴と鞭の両面からなる施策は、民間信仰をも国家の管理下に置こうとする意志の現れであった。国家が一元的に信仰を管理しようというわけである。

道学もその路線を踏襲する。ただし、道学のほうが王安石学派よりも民間信仰に対する許容基準が厳しい。程頤が、当時一般化しつつあった城隍《じょうこう》神に対する信仰を、「経書にいわれのないこと」として批判したのは、その一例である。彼に言わせれば、経書に社稷《しゃしょく》という神が載っている以上、新しい神は必要ないのだ。明の太祖《たいそ》洪武《こうぶ》帝《てい》が自分の王朝にとっての礼の制度を定めた際に、すでに廃絶していた社稷祭祀を復興するとともに、城隍神を中央政府としてはじめて正式に認知したのは、彼のブレーンを勤めた朱子学者たちの進言によるものだった。しかし、その城隍神は、民間で一般に信仰されている人物像ではなく、社稷同様に人格を持たない神であった。この制度は制度としては保持されるものの、実際には民間の風習どおりの信仰形態が採られたようである。これは他のさまざまな神々についても当てはまる。実効性はともかく、統制しようという意志を見せることが、朱子学の基本的立場であった。

宋代以降、仏教をはじめとする怪《け》しからぬ教義に染まった風俗を改善することが、儒教的士大夫たちにとっての大きな課題となっていく。そのことを彼らが実感するのは、自分自身が親を亡くして葬儀をし、喪《も》に服するときであった。儒教では経書として冠婚葬祭の式次第を記録した『儀礼《ぎらい》』を持ち、そのなかに詳細に葬礼と服喪のやり方が規定されている。しかし、現実にはその規定どおりの実践は困難で、常にこの模範を簡略化した様式が行われていた。加えて、そのなかに仏教的な諸要素が混入してきており――正しくは、混入していると彼らには意識されるような事態が進行しており――、彼らはそのことを改めて問題化する必要を感じたのである。それらは時に文章化され、他の者も参照しうるような形で流布した。自分自身だけの問題としてではなく、他者にも妥当しうる問題として、社会的規模での問題解決を意図したのである。

中でも、朱熹の『家礼《かれい》』は冠婚葬祭全般にわたるマニュアルとして、近世東アジア世界に甚大な影響力を及ぼした。古くから偽作説があり、清の王懋竑《おうぼうこう》の綿密な実証によって定説化した時期もあったが、彼の意図は、清代の精緻な礼学の立場と朱熹への敬意から「もし朱熹の真作なら、こんな杜撰《ずさん》なものであるはずがない」という思いこみに基づく考証作業であって、客観的なものではない。今日ではむしろ朱熹の自作とみなす見解が有力である。

総論的な部分に「仏事をなさず」と明記されているように、朱熹が排除の対象としたのは仏教的な儀礼であった。この書物は朱子学の創始者の著作であるという一種のブランド

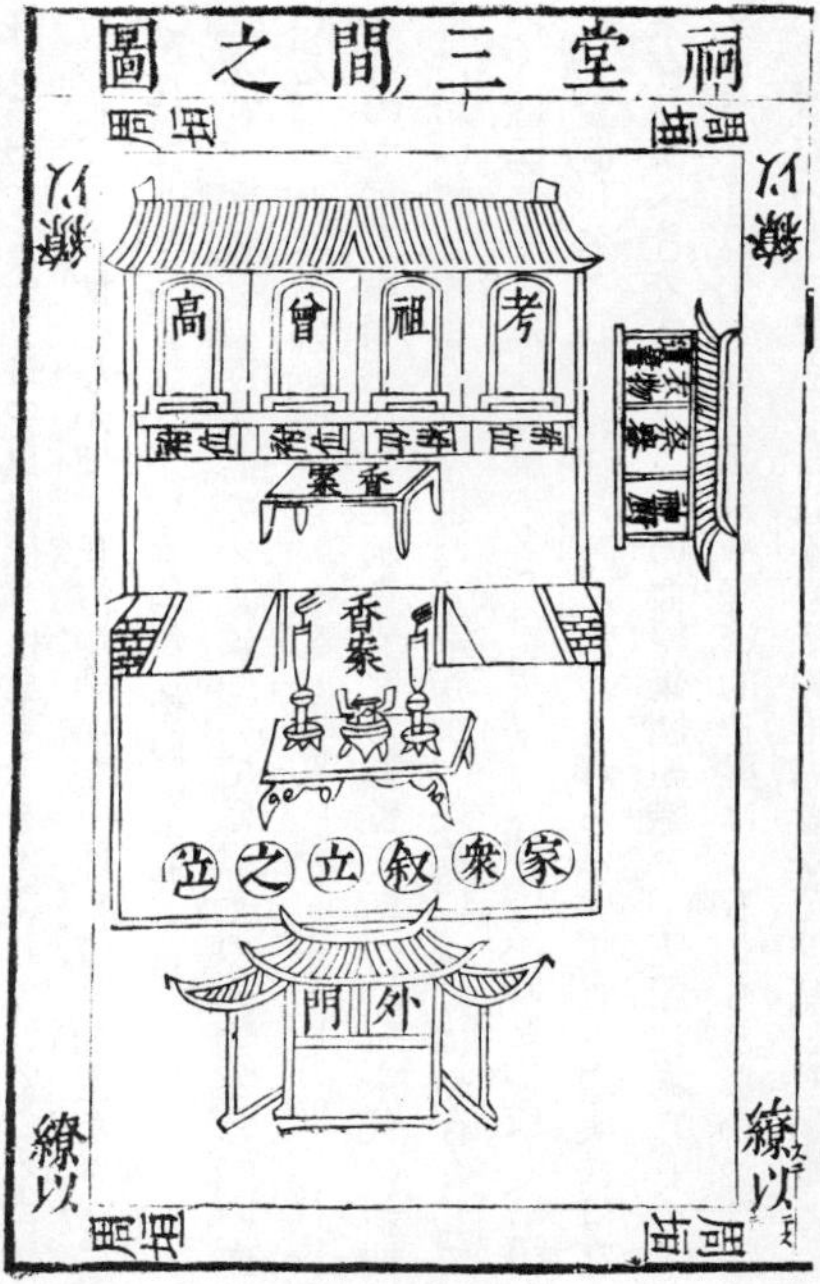

『家礼儀節』より祠堂の図
祠堂は朱熹が『家礼』で提示した祖先祭祀のための施設で、高祖父から考（父）に至る4代の位牌を並べている。

性もあって、一三世紀以降徐々に信奉者を獲得していく。本自体の印刷や注解本の作成も行われ、一五世紀なかばに丘濬《きゅうしゅん》が細かな所作を書き加えたさらに詳細なマニュアルとして『家礼儀節』を編集するに及んで、格段の普及を見る。

『家礼』が社会に浸透していくについては、その基盤としての血縁組織の形成が作用している。いわゆる宗族《そうぞく》である。〈宗〉とか〈族〉とかいう語は経書のなかにも見える由緒あるもので、夏殷周三代の礼制を支える基盤であった。宋代の新興儒教が直面したのは、経書において重要な役割を果たす宗族が、現実にはもはや存在していないという事態であった。欧陽脩や蘇洵《そじゅん》（蘇軾の父）は自分の一族の系譜を作成し、范仲淹は一族の共有田を購入・設置してこれを義荘《ぎそう》と呼んだ。それらはいずれも現実には存在していない、しかし本来存在すべきであるところの血縁集団組織を、実際にあらしめるために企てられた事業であった。可視化された系譜や経済的基盤は、もともとなかった宗族を生み出していくための装置だったのである。しかもその推進者が范仲淹・欧陽脩といった士大夫のリーダーであったことは、後に続く者たちへの規範として作用した。そこに『家礼』が登場したわけである。宗族組織は礼制上の行為規範も入手した。

この時期になぜ宗族が作られるようになったかという問題については、社会史や経済史の分野からの説明も含め、いまだに確定したものはない。少なくとも、宗族の形成が朱子学の浸透を社会規範の次元で助ける作用を果たしたことはたしかである。

宗族は斉家《せいか》がなされる場であり、各人の身体とその外に広がる政治的秩序の場とをつなぐ領域であった。朱熹の『大学』該当個所への注釈は、公平性を家長の心得《こころえ》とするものであり、家すなわち宗族が小さな政治の場とみなされていたことを示している。換言すれば、朱熹にとって斉家の〈家〉とは、家計の単位であったり性生活が営まれる場であったりする〈家〉ではなく、より大きな人為的血縁集団なのであった。

3 〈郷〉秩序の構築

『家礼』のほかに現存する朱熹の礼に関する著作に『儀礼経伝通解《ぎらいけいでんつうかい》』がある。これは『儀礼』の章立てを基本にしながら、他の経書・古典からの引用で構成された本文に、鄭玄その他の注釈を配する形で編まれたものである。その構成は、冠礼・婚礼といった家礼に始まり、邦国礼・王朝礼という治国・平天下に相当するものへとつながる。その中間に学校関係の事項を集めた学礼と並んで郷礼《きょうれい》という篇目が存在する。

〈郷〉という語は、〈家〉と〈国〉の中間領域を指すものとして古来しばしば用いられてきた。たとえば、『老子』にもその文言がある。朱熹は『儀礼経伝通解』においては経書における〈郷〉を場とする儀礼をここに配置した。郷礼は、以前から彼が注目していた郷《きょう》約《やく》と呼ばれるジャンルとも関連する。

郷約は古くからのものではない。そのはしりである『呂氏郷約《りよしきようやく》』は、張載と程顥に学んだ呂大臨《りよたいりん》兄弟が、自分たちの地元で施行することを意図して作成した規約である。通常、呂大鈞《りよたいきん》の文章とされる。

郷における約束は四つある。徳業を励ましあうこと。過失を規制しあうこと。礼の習俗を交わすこと。艱難を助けあうこと。

以下、その細目が規定されていく。朱熹はこれを添削して普及に努めた。郷約とは、地元で暮らす士大夫が在地の指導者として周囲の住民を一つにまとめあげ、そこの風俗を淳良ならしめるための手段として考案されたものであった。

一方、地方官としての朱熹は、陳襄《ちんじよう》が福州の知事として発布した諭俗文《ゆぞくぶん》を重んじている。そこでは住民に対して普段の生活態度等々につき事細かな指示がなされた。第5章で紹介した明の太祖の『六諭《りくゆ》』は、郷約の理念と諭俗文の伝統に基づいている。つまり、朱子学的な仁政思想から出ている風俗教化のためのおふれなのである。

王守仁も江西南部の農民蜂起を鎮圧し、秩序再構築をめざす政策の一環として「南贛《なんかん》郷約」と称されるおふれを発布している。ここで注意したいのは、朱熹の「増損呂氏郷約」とは違って、これが地方官の立場から布告されているということである。その意味では諭俗文に近いが、内容はあくまで郷約である。つまり、地方官が主導して当該地域の礼教秩序を構築しようとしていることになる。しかも、王守仁の政策を支えるもう一つの柱は、十家牌法《じゅうかはいほう》と呼ばれる隣組《となりぐみ》組織であった。これは一般には保甲《ほこう》と呼ばれる。保甲法を全国に施行し、それゆえ反対派から猛烈な批判を浴びたのは、あの王安石であった。明の太祖の里甲制《りこうせい》は王安石の施策を継承するものであり、王守仁が施行したような保甲制度は、里甲制度の再編を為政者の立場から推進するものと性格づけられる。陽明学が単純に民衆を主人公とする思想とは言えないことは、この一点からもうかがえよう。王守仁はあくまでも治める側の立場からあるべき社会秩序を模索していた。泰州学派の顔鈞《がんきん》の弟子である羅汝《らじょ》芳《ほう》も、寧国府《ねいこくふ》知事という地方官の立場で郷約を実施している。

郷約と保甲はその後も社会秩序維持のために一体化した形で施行される。郷約保甲制を地方官として積極的に推し進めたのが無善無悪論批判者でもあった許孚遠《きょふえん》で、もともとは湛若水《たんじゃくすい》の学統に連なり、劉宗周《りゅうそうしゅう》は彼に学んだことがあった。つまり、黄宗羲《こうそうぎ》は彼の孫弟子ということになる。

明代に郷約を広めたのは、彼ら心学系の人物ばかりではなかった。王守仁と論争したこともある黄佐《こうさ》という朱子学者は、退官して故郷の広東香山《こうざん》県に住んでいた折、郷約に保甲・社倉《しゃそう》・学校・里社《りしゃ》の機能を併せ持たせ、地域の秩序を総合的に保障する制度として『泰泉郷礼《たいせんきょうれい》』を編纂した。実はこれに数十年先立って、彼の故郷に隣接する新会《しんかい》県では、これも地元の名士である陳献章が県知事に協力して「礼式」を定めている。こちらは現存しないので内容は定かではないが、おそらく『家礼』や『呂氏郷約』を模範とした、『泰泉郷礼』と同様のものであったと思われる。

つまり、地域の秩序をいかにするかという次元では、朱子学か陽明学かという差異は意味を持たない。〈心〉をめぐって、あるいは『大学』解釈をめぐってはあれほど鋭い対立を示す両者は、この点においては明確に区別できないのである。明代に郷約が盛行することと陽明学の性格とは、したがって直接には結びつかない。問題は、陽明学が郷約を広めたかどうかという次元にではなく、こうした動きは流派の如何を問わず見られるということの中にこそある。陽明学の心性論がこうした社会秩序構想を生んだのではなく、社会秩序のあるべき姿の追求が、陽明学の心性論の基盤になっていたということではなかろうか。

以上から言えることは、陳献章や王守仁の心学を語るときに、彼らの秩序意識を視野に入れる必要があろうということである。両者は別個の次元で語られていたわけではない。もちろん、陳や王の思想を断章取義的に自己の精神の糧とすることは受けとる側の自由だが、それは彼らがその当時悩みながら思索して達した結論と同じものではなくなっている。あるべき礼教秩序はいかにして構築可能か。心学と呼称される流派も、当初の問題意識はそこにあった。朱熹が統合に努めた修己治人論は、明代のこれらの思想家たちにとっても、また清代の人々にとっても、大きな課題だったのである。

第10章　理と気

前章は「礼教と風俗」と題して、朱子学・陽明学がいだく社会秩序構想について述べた。この章はこれを承けて、両者の宇宙論を理と気とをキーワードとして紹介し、その差異を論じる。

1　理の世界観

朱子学は理気二元論と表現されることが多い。理と気という二つの異なる原理によって世界の諸現象を説明しようとするからである。しかし、この二元論という規定のしかたは、西洋思想におけるこの語のもともとの使われ方からすると誤解を招く恐れがある。西洋では――より広く「西方」では――この世における善と悪の対立や、それを投影した精神と肉体の関係を二元論と称する。両者は併存するものであり、価値的には相克関係にある。ところが、朱子学における理と気とは、そのような意味での二つの元（＝はじめ）ではない。両者は相補的な関係にある。

〈気〉という語は、〈理〉以上に人口に膾炙《かいしゃ》した日常語であった。漢代以降は森羅万象を説明する原理としても用いられ、医学書や占断術にも頻出することはよく知られている。道学もその言語空間に属していたから、この語が二程の語録に出てくるのは不思議ではない。

> 性を論じて気に言及しなければ充分ではない。気を論じて性に言及しなければ明確にならない。これらを二つの別個のものとするのは、正しくない。(『河南程氏遺書』巻六)

朱熹はこの発言を『孟子集注』告子上篇、さまざまな性説について孟子が批判する箇所の注釈として採用した。それは、その直後に並べて引用する張載の発言、天地の性と気質の性という二種類の性について定式化した文面と表裏一体をなすものとして、孟子性善説の不備を補う意味を持たせるためであった。性即理であるからして、上の発言は理と気との不即不離の関係を説いたものと解釈しうる。朱熹はそうした文脈にこの発言を置くことで、理と気とを結びつけたのであった。

しかし、これは例によって朱熹の思想的構築であり、二程の段階ではそれほど綿密な体系化が図られていたわけではない。朱熹によって、「万人の性がみな善であるのなら、なぜあらためて後天的修養が必要なのか？」という難問に解答が与えられたのである。〈気〉は実世界を構成する元素として、朱子学宇宙論にとって不可欠の概念となった。

朱熹はこの理気論に整合するように、先行諸説を整理する。邵雍の〈数〉や周敦頤の〈太極〉は〈理〉として読み換えられ、張載の〈太虚〉は根源的な〈気〉として語られる。もちろん、それは二程の教説を基準にした強引な整理であり、とりわけ周敦頤の太極概念を、従来の理解（そして、おそらく周敦頤自身の理解）であった気のレベルから理のレベルに移行させることには、道学派内部でかなり強い抵抗があった。このことは、陸九淵との論争の主要テーマとなる。

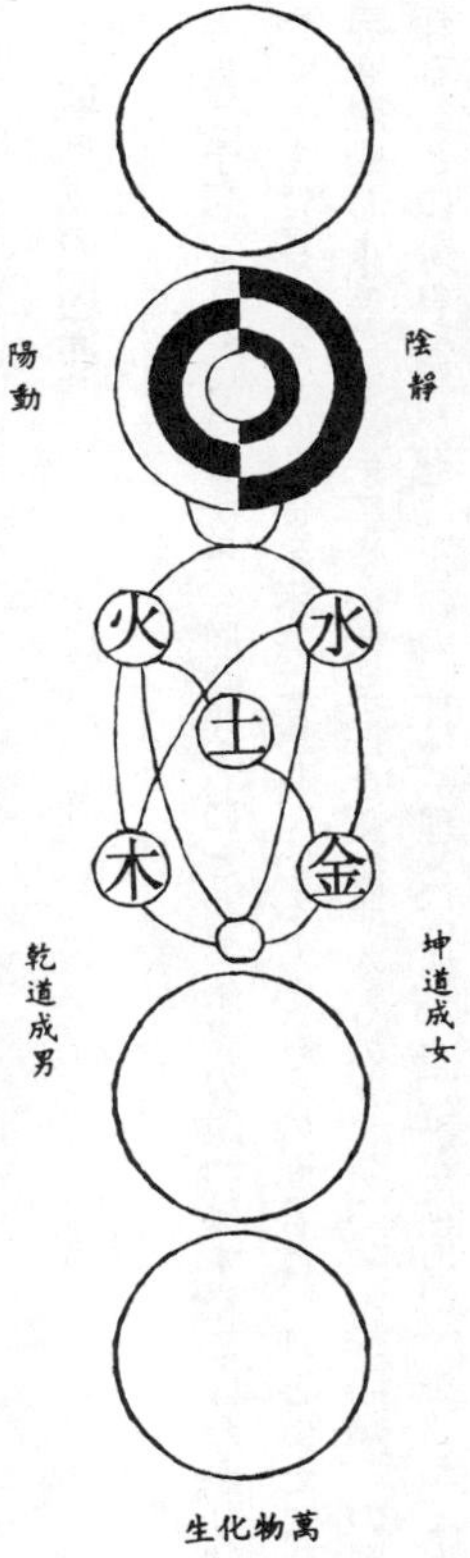

太極図

2　理と気の関係

当然予想されることながら、同時代人にとって朱熹の説明はすぐにはわかりにくかった。門人たちは理と気との関係を朱熹に質《ただ》している。それらの問答は、理と気とによって全世界を説明しようとする朱子学の体系性を象徴するものとして、『朱子語類』の冒頭に置かれることになった。ただ、その内容は「理とは何か」「気とは何か」を訊ねるものではなく、単に両者の関係を明瞭に説明するよう求めるものである。理も気も日常語であって、あらためて個々に解説を要する語ではなかった。彼らにとって理解しづらかったのは、別個に思念されていた二つの語の、朱熹による関係づけの仕方だったのである。特に焦点になったのは、理と気はどちらが先行するかという問題だった。いわゆる理先気後の議論である。例によって、ここでも朱熹門人中、最も精密な議論に長《た》けた陳淳に登場してもらおう。

「先に理があるのでしょうか、それとも先に気があるのでしょうか？」

「理が気を離れることはない。ただ、理は形而上、気は形而下の存在だ。形而上・形而下ということから言えば、先後がないわけにはいかない。」

そもそも、朱熹の立論の本意からすれば、理気論とは、宋学のなかで秩序原理として重要な役割を果たしてきた〈理〉の現実世界における現れとして、これまた従来用いられてきた〈気〉を当てることで、総合的な世界観を樹立することにあった。師の李侗からその重要性を教わった、程頤の教説である理一分殊論、それも分殊のほうにこそ儒教にとっての重点があるとする世界観を説明するためにこそ、気という概念を導入したのである。それ以前の道学には見られない理気相即の哲学体系は、朱熹が構築したものであった。

したがって、理と気の先後は、彼の趣旨からすれば副次的問題にすぎない。しかし、その聴衆たちにとっては、彼らが使い慣れた概念をあざやかに整理していく朱熹の手法に感服すればするほど、どちらがより根源的なのかを問い質したくなったのであろう。朱熹としては、二者択一を迫られれば理に優先権を与えざるをえなかった。これらの問答は、そうした緊張感を前提にして読まれるべきものだろう。

ところが、朱子学の教説が定着するや、緊張感を欠いた知識としての学習対象として「理先気後」が伝授されていくようになる。そうなるとこれに疑問を感じる思索者が現れるのは当然で、「理は気の条理にすぎないのであって、気から離れて単独に存在することはできない」と説くようになる。王守仁と同世代の、羅欽順《らきんじゅん》や王廷相《おうていそう》は、気に根源性を持たせた世界観を説いた思想家として評価されている。陽明学の中でも、黄宗羲らはこの立場に近い。他方、理は純粋な善であるはずなのに世界に悪があるのは気があるからだと、理善気悪の教説を唱えて両者を本来的な意味での二元論で捉えようとする論法が生まれる。朝鮮のいわゆる主理派や日本の闇斎学派はこれに属すると言ってよかろう。

前者は理と気とをいかに結びつけるかを課題として気重視に傾いたもの、後者は悪の起源を説明するために理の至善性を強調することになったもので、どちらも朱熹が提示した構図をデフォルメしたものにすぎないのだが、理気論という土壌においては相対立する所説となっていく。そして、そこを強調して思想家の特徴を整理する場合には、宋から明の儒教はあたかも理気論によって塗りつぶされたかのような印象を与えることになる。しかし、こうした捉え方は当時の思潮全体をゆがめることにしかならない。

3 鬼神論

第8章「天理と人欲」で述べたように、二程や朱熹は天の権威を借りて理を称揚した。そこには天への絶対的ともいえる信頼がある。朱熹は天を説明して、主宰としての側面、理としての側面、天体としての側面の三つに区分けしている。天の主宰性に対する当時一般の信仰を持ち出すことで、自分の教説の根幹をなす理の正統性を担保していたのだ。ところが、明の薛瑄《せつせん》ともなると、このうち主宰としての天には言及しない。

これをどう考えたらよいのだろうか。おそらく、朱子学における理の思想が常識となっていた彼の周囲においては、もはや天の主宰性は必要なくなっていたのである。ただし、それはあくまで彼の周囲においてであって、一般庶民はあいかわらず主宰的な意思を有する天への信仰を持っていた。朱子学的言説において天が問題になるのは、常に天を信仰対象とする環境においてである。

朱熹は古くからの儒教の流儀にもとづき、天観念を自説の根底に据えた。その際、問題になるのは、民衆が信仰している神としての天との関係づけであった。経書の文言には、おそらく経書を書き記した人たちが持っていたであろう素朴な天の神への信仰表明がある。それをそのまま認めてしまうと、朱熹と同時代の民衆の信仰も是認してしまうことになりかねない。たとえば、周の文王《ぶんのう》が死後は天の上帝のそばに侍っているという経書の文言を、彼は次のような形で説明する。

「もし文王が本当に上帝のそばにいると言ったのだとしたら、上帝が世間で作っている偶像のような形でいるということで、まったく話にならない。しかし、聖人がこう言うからには、そうなる理があるのだ。」(『朱子語類』巻三)

「そうなる理がある」という説明によって天の主宰者性を薄める言い方は、朱子学的思考を自身引き受けた者にとっては、所与の前提となる。朱熹が配慮して理としての側面と主宰としての側面を併記したのとは異なり、薛瑄のような後世の朱子学者たちがこれを理にあわせて考え、天体として形を持つ天との二本立てで説明を試みたのは、ある意味で当然であった。しかし、民間信仰のなかの天との衝突はその後も続く問題となる。

前章「礼教と風俗」で述べたように、宋代になると民間で信仰されている雑多な神々に対して、その来歴を問い、正祀と淫祀に弁別しようとする動きが生じる。道学もまたその潮流のなかにあった。張載は鬼神の存在自体を理論的に説明すべく、「鬼神は陰陽二つの気の良能」と定式化する。良能とは、『孟子』に良知と並んで登場する語で、本来的なはたらきという意味。朱熹はこの説を継承した。

祖先祭祀において、その場に祖先の霊は本当に来ているのか、あるいはそのようなことはないのか。門人たちの疑問に朱熹はこう答える。

「祭祀にあたってきみが精神をひたすら集中させて相感じるようにする。祖先はきみが流れとして承けた気なのだから、感じることができるのだ。」(『朱子語類』巻三)

あるいは『論語』のなかで孔子が「祭るには祖先がそこにいますが如くする」と述べたことに対する解釈。

「ここで子孫の側が誠と敬とを尽くすならば、祖先の気はここにいる。一つの苗に由来しているのだ。木が枯れていても、その脇に新しい根が生えてくるようなもので、この気を正しく受け継いでいるのだ。」（『朱子語類』巻二五）

神霊が不可視である以上、その実在を感じるのは視覚ではない。つまり、神は姿形《すがたかたち》を持って我々の眼前に現れるわけではない。前章で述べた偶像に対する朱子学の忌避も、理論的にはここに由来する。そこに神の存在を感じるのは、祭る側と祭られる側との間に生じる感応関係、すなわち気が通じることにある。感応関係を持ちえない間柄の者が祭っても神がそれを受けないのは、気の通じようがないからである。このようにして朱熹は祭祀を合理化した。

しかし、他面、気が常に離合集散やむことのない運動であることを考えると、個別の祖先や鬼神の気がいつまでも不変に残って存在し続けることはつじつまが合わない。そこで時には朱熹は散佚《さんいつ》してしまった気も祭る側の誠意でふたたび集まるのだという苦しい説明をするはめになる。

そもそも、朱子学の論理構成において、祭祀は経学上の所与のものとして与えられていた。儒教思想である以上、これを無意味だとすることはできない。ここに純粋な論理に支えられた哲学的思考との本質的な差異がある。朱熹が理や気を持ち出すのは、それによって孔子以来の教説を体系的・整合的に説明するためであって、自己の思索のみに基づいて森羅万象を説明しつくそうとしたからではなかった。理気論が鬼神論と矛盾衝突しそうになれば、彼は前者のほうを迂回させてそれを避けねばならなかった。あるいは、みずから進んでそう選択した。その意味で、朱子学とは儒教の神学であり、それ自体の論理を重んずる哲学ではなかった。

4 科学への態度

これと同じことは天文学・暦学に対する興味関心についても言える。『朱子語類』からうかがえるように、朱熹のこの分野への造詣は深い。朱熹の教説に依拠しながら、当時の朱子学者たちの協力を得て、元代に郭守敬《かくしゅけい》を中心に制定されたのが授時暦である。そこには朱子学的な宇宙論が盛り込まれている。

天命思想を持つ中国においては、もともと天文学的知見は宮廷の秘教であり、民間の学者が容喙《ようかい》すべきことではなかった。その意味では、『朱子語類』が巻一に天文関係の問答を数多く所載することは異様に映る。質問者たちの発話から推察するに、これらの問答が純粋に天文学的関心から発したわけではなく、経書の中の天に関する文言や天体の異常現象の観測が話題になった際に、それらに関連して語られたものであろう。

そこだけを取り出してまとめた『朱子語類』の構成に従って読めば、朱熹の科学的関心を物語る史料ではあるが、そのことは彼が第一義的にこうした思考作業を門人たちに課していたことを意味しない。実際、門人たちはしばしば非常に初歩的な質問を先生に浴びせている。

「昔から日蝕・月蝕は災異だとされてきました。ところが今では暦の専門家が計算して予測するようになっています。これはどういうことですか?」

「大体は計算できるのだが、やはりどうしても合わない場合がある。暦の専門家が蝕だろうと言ったのに蝕がなかったり、蝕さないだろうと言ったのに蝕だったりすることがある。」(『朱子語類』巻一)

専門家の間では、すでに何百年も前から日蝕・月蝕の仕組みが明らかになり、予測もつくようになっていた。しかし、天変地異は天命の現れとする儒教神学の教義上、すべてを機械的に説明することは忌避されてきた。天人相関説を否定したとされる王安石でさえ、予報された日蝕が観測されなかった折に、それを寿《ことほ》ぐ上奏を皇帝神宗におこなっている。上の引用では、朱熹もまた、微妙な言い回しで蝕の災異性に触れている。ただ、どうも弟子のそもそもの質問意図は、予測自体がどうして可能なのかという素朴な疑問であったようだ。

すでに述べたように、現行の『朱子語類』は理気論を最初に置く構成を持っている。それはこの形式を定めた黄士《こうし》毅《き》という門人が、理と気によって世界を説明しつくそうとする朱熹の意志を評価したためかもしれない。だが、南宋から明代前半にかけて流布していた他の各種の朱熹語録においては、あくまで心性論が冒頭に置かれ、中心的話題として扱われる形でまとめられており、その読者たちは理気論中心主義とは違う形での朱子学イメージを持ったと思われる。心学流行の原因はここにもあった。

王守仁には選択肢の一つとして、朱子学の宇宙論自体に異を唱え、その理気論を真っ向から否定する教説を打ち出す可能性もあった。しかし、彼の問題関心はその領域にはなかった。彼は朱熹が言う理と気の世界を前提にしながら、心性論の領域で異議申し立てを展開したのである。そのため、陽明学には朱子学に匹敵するような独自の理気論はない。

だが、格物窮理の伝統は西洋天文学を呼び込む土壌となった。明末にカトリック宣教師たちが伝えた知識は、徐光啓《じょこうけい》をはじめとする少なからぬ士大夫の心を魅了したのである。もちろん、頑迷固陋にそれを拒絶する者も多かったが、それは朱子学がそうした性質を本来有していたからというよりも、彼らが既成の理気論それ自体を信仰対象としていたからである。格物致知に対する関心は、朱熹その人が述べた教説を絶対化するわけでは必ずしもなかった。むしろ、西洋のほうにより妥当な見解があれば、それを吸収する柔軟な思考をする朱子学者・陽明学者も存在したのである。日本から〈科学〉という用語が輸入されるまで、サイエンスの訳語が〈格致〉であったことは象徴的である。心性論を支えるものとしてのみ理気論を位置づける傾向は、朱子学・陽明学の中の一部分ではあっても、全体ではなかった。

第11章 思想史における唐宋変革

第6章から前章までの五章にわたり、朱子学・陽明学の教説内容に即して両者を比較しながら、宋代から明代にかけての思潮を概観してみた。これを承けてこの章からは、こうした思想史上の展開が持つ意義を考察していきたい。

1 唐宋変革とは

中国史研究の分野には「唐宋変革」という議論がある。唐代およびそれ以前と、宋代およびそれ以降との間に、時代相の変質が見られる。この時期には、単なる王朝交替とは異なる次元の地殻変動が生じていたとする見方である。とは言っても、宋が成立してすべてががらりと変化したわけではない。

実際、第2章「士大夫の時代」で述べたように、思想文化の上では、一一世紀なかばの慶暦年間を画期として新たな動向が生じていた。欧陽脩率いる古文運動は、唐宋八大家のうちの六人までもが一一世紀に活躍した人物であるという、象徴的な意味を持っている。その欧陽脩はある文章の中で、経学の新機軸を打ち出した人物として胡瑗《こえん》・孫復《そんふく》・石介《せきかい》の三人を併記する。この所説は朱熹や黄宗羲によって受け継がれ、やがてこの三人を「宋初三先生」と呼ぶようになる。宋開国八〇年後に活躍した人たちを「宋初」の語を冠して呼ぶことに、この時点に思想史上の断層があることを、あらためて確認することができよう。

特に胡瑗は程頤の師としても大きな役割を果たした。程頤は少年時代の家庭教師周敦頤のことは「茂叔《もしゆく》」と字《あざな》で呼んでいるが、胡瑗のことは「胡先生」と呼んでおり、より深い敬意を表している。

胡瑗は「明体達用《めいたいたつよう》（体を明らかにし用に達す）」を学問の目的に据え、学生のクラスを経書講読の経義斎《けいぎさい》と政治実務の治事斎《ちじさい》とに分けた。ただし、両者の統合が彼の理想であった。明体達用はものごとを体（根本となる事柄）と用（そのはたらき）という二つの側面に分けつつも両者の統合をめざしており、仏教の語を用いた程頤の「体用一源《たいよういちげん》、顕微無間《けんびむげん》（体と用とは同根で見えるものと見えないものとに隔てはない）」という考え方や、朱熹の「全体大《ぜんたいたい》用《よう》（体を全くして用を大いにす）」の主張に受け継がれる。本体とそのはたらきとを不即不離の関係で説明しようとするこの理論は、元来は仏教に由来するらしいが、宋代以降の儒教に欠かせないものとなった。真徳秀が自著『心経』を体、『政経』を用とし、『大学衍義』において修身までを体、斉家以降は用だとしたのも、この発想である。つまり、朱熹の修己治人でいえば修己が体、治人がその用ということになる。

　時間的にはまぎれもない「宋初」――八〇年間といえば北宋百六十七年のほぼ半分であるから、むしろ「北宋前半」と言ったほうがよい――とは、唐の模倣の時代であった。玄宗の治世末期の安史の乱以降二百年に及ぶ政治的混乱を収拾し、強固な中央集権体制を樹立しつつあった宋の朝廷が、みずからの目標としたのは唐の盛時、太宗や玄宗の治世であった。経学においても、『五経正義《ごきょうせいぎ》』の改訂・増補が企てられ、唐太宗の時にはまだ技術的にその段階に達していなかった木版印刷を用いて、十二の経書の注釈書を刊行するという大事業が行われたのは、第三代真宗の時、西暦一〇世紀と一一世紀の境においてである。これは漢代以来の経学の集大成であり、現在では清代の校訂版によって『十三経注疏《じゅうさんぎょうちゅうそ》』として広く用いられている（なお、それに先行して、五代後唐《こうとう》の時に九つの経書についての印刷はすでになされていた。また、宋の太宗によって仏教の大蔵経《だいぞうきょう》の刊行が行われ、北宋末期の徽《き》宗《そう》によって道教の道蔵《どうぞう》の刊行も行われる）。

　真宗の時には『十三経注疏』ではなかった。『孟子』が含まれていないからである。確証はないが、朱熹の証言などから推察するに、孫奭《そんせき》のものと称される『孟子疏《もうしそ》』は、実は南宋の時に民間出版社の意向で他の十二の注釈書に紛れ込んだと思われる。『孟子』を経書としたのは王安石政権だったからだ。

「宋初三先生」の経学は、漢代以来の訓詁学のあり方を、原点にさかのぼって反省することに特徴があった。欧陽脩の古文運動と同種の思考が見られるわけである。その欧陽脩自身、経学面でも新たな問題提起を行った業績で知られている。西暦一一世紀後半とは、経学を中心とする儒教学術に対する全面的見直しが進行しつつある時代であった。二程の道学は、この雰囲気で生まれた多くの新潮流のうちの一つであった。しばしば言われるような、「唐の韓愈は道学の源流」とする位置づけは、結果としてそうなったという意味では正しいが、当時の時間の流れに沿って見ていく場合には、決して必然的なことではなかった。他にも多くの可能性があったのである。

道学と対抗する流派として、南宋まで影響力を保持したものとして、王安石の新学と蘇軾・蘇轍《そてつ》兄弟の蜀学《しょくがく》を挙げることができよう。この三名が上述した唐宋八大家に含まれていることは象徴的である。教科書的な印象として、王安石は政治家、蘇軾は文学者、そして程頤が思想家という範疇分けがなされうるが、それは当時の士大夫の生き方からすれば誤認である。この三人——あるいは、これに蘇轍・程顥、それに王安石の息子の王雱《おうほう》を加えて、三派それぞれの創始者たち六名——はいずれもこの三つの側面を兼ね備えて生きていたのである。実際の業績として、王安石は宰相となったために為政者としての発言・行動が多くなり、蘇軾は〈文〉を重視する傾向を持っていたために文学的作品を多く残し、程頤はのちに朱熹による顕彰を経て朱子学道統論に確固とした地位を占めるゆえに思想家として表象されるという経緯はあるにせよ、三人とも経学者として業績を残した立派な儒者であった。

また、道学自体が、二程と直接の交流があった張載や邵雍の思想および後継者たちを吸収する形で拡大・展開している。この四名に加えて、二程の師として周敦頤が付加されるのは、朱熹による道統論においてであった。彼らを北宋五子と呼び、この五人をもって北宋儒学史を代表させる見方は、朱熹によって作られた歴史物語、換言すれば朱子学内部の約束事にすぎない。このほか、司馬光は、思想的には慶暦以前の流儀を保持しながらも、反王安石という政治的立場で程頤らと協働したために道学でも高い評価を得ることになった。彼を加えた北宋六子というくくり方もある。また、周・二程・張・朱、それぞれゆかりの地をもって濂洛関閩《れんらくかんびん》の学として道学を語る流儀も同様である。

陽明学もそれを共有していたという点からも、この二つの学派は同根のものであることが了解されよう。朱子学が勝利したあとからの回顧として北宋を見るだけでは、朱子学・陽明学が生まれてきたそもそもの状況は正確に把握することができないのだ。「道学は周敦頤によって樹立され、朱熹によって大成された」式の単純な語り口は、もはや通用しないということを、この機会にぜひ銘記していただきたい。

2　王安石の位置

朱熹若年の作品に「雑学弁《ざつがくべん》」という文章がある。そこで〈雑学〉として批判の対象になっているのは、蘇軾の『易』、蘇轍の『老子』、張九成の『中庸』、呂本中《りょほんちゅう》の『大学』の解釈である。このことは、逆に言えば、これらの注釈が朱熹が若い頃にはかなり大きな影響力を持ち、朱熹自身、精密に読み解く経験を持ったということを示す。朱子学勝利後は、朱熹がこのように批判したことによって、これらの著作は士大夫の読書対象ではなくなっていく。しかし、朱子学形成の場においては、これらの経書解釈が持っていた権威を見過ごすことはできない。朱熹門人にして講友の何鎬《かこう》は、この文章への跋文でこう述べる。

（彼ら四人の）学問は道や徳や性や命についての根本がわかってもいないのに、老荘や仏教のまちがった学説を持ってきて先王の教えを乱し、自分の著書を書いて世間に通行させている。のちの世の者が、これらの説を耳にする前から彼らが大人物であるということで信用して尊重し、それらの説がしだいに身に染みついていって持病のようになっているのは、なんと悲しむべきことではないか。

王安石

儒教の枠のなかで流行している異端邪説の駆逐に、朱熹たちは使命感を持っていた。特に問題なのは王安石である。王安石と朱熹。この二人の関係については、古くから多くの学者が注目している。道学中心史観——その構築者がまぎれもなく朱熹自身なのだが——の呪縛が解けるとともに、王安石は北宋の思潮の鍵を握る人物として注視されている。繰り返しになるが、北宋後半の主流派は王安石の新学であった。

政治路線の上では、王安石の新法政策に対して朱熹は総じて批判的である。その証明としてしばしば利用されるのが、社倉《しゃそう》について朱熹が書いた文章で、そのなかで朱熹は、王安石の青苗法《せいびょうほう》は中央政府の法律で執行を強制的に義務づけたために弊害を生じたが、それに対して社倉は在地の有志の力で推進される自発的なものである点が優れていると論じている。つまり、王安石がトップダウン式に中央集権制度の確立を追求したのに対して、朱熹は在地有力者すなわち地主層の自主性を尊重した社会秩序を構築しようとしたというのである。朱子学が士大夫たちの支持を得たのは、個々の主体性確立を図る教説を、この秩序構想の基盤に有していたからだとされる。つまりは、修己治人である。

第6章以降前章までにわたって解説してきた朱子学の教説内容は、こうした背景を考慮してはじめて理解できる。王安石に始まる新法党の政治路線に対する批判、学術的には新法政策を支えた新学への対抗関係が、道学生成時からの使命であり、その継承者・大成者としての朱熹の役割であった。

ただし、王安石と朱熹との関係はそれのみでは終わらない。道学派のなかで、朱熹はかなり特異な地位を占めている。訓詁学的な嗜好である。彼が道学内部の奪権闘争において、張九成や胡宏およびその門流に挑む時に武器としたのが、訓詁という道具であった。

訓詁学とは、一般には漢から唐にかけての経学を指す語である。宋代の新興流派はいずれも漢代以来の訓詁学では聖人の執筆意図を充分に把握することはできないとして、みずから直接経書に向かい合うことをめざした。教科書的には「経書に対する自由で主体的な解釈」と表現される。ここでも欧陽脩がその先鞭をつけたとされるし、「宋初三先生」の経学講義は、学生個々の主体的修養を教育課題としていたと言われる。道学も、その一流派である朱子学も、そうした風潮から生まれたのであるから、訓詁学に対しては批判的であったに違いないと思われてきた。しかし、事実はもっと複雑に入り組んでいる。

新学も新興流派として漢代以来の経学には批判的な姿勢を示す。その成果が王安石父子による『三経新義《さんけいしんぎ》』、すなわち『周礼《しゅらい》』『尚書』『詩』の注釈書の制定であった。残念ながら、これらの注釈書は完全な形では現存しない。後世からの非難攻撃にさらされ、明代までは滅んでしまったためである。清代以降その復元作業が進められ、今では台湾の研究者による輯本《しゅうほん》が出版されている。また、これとは別に、王安石は『字説《じせつ》』を著した。これは『爾雅《じが》』や『説文解字《せつもんかいじ》』に代わる国定字書として構想されたものであるが、やはり現存しない。しかし、新学の系譜に属する第二世代・第三世代の学者たちによる経書注釈のなかには、現存するものもいくつかある。それらを通してうかがえるのは、新学とは漢代経学とは異なる内実の新たな訓詁学の体系だったということである。そして、その点は朱熹の学風にも継承されている。

それは朱熹の教説内容がどう新学の影響を受けているかという問題ではない。そうではなく、『四書集注』に代表される、経書の個々の字句への注解作業によってみずからの体系的な思想を語るという手法が、新学に近いということである。それはさかのぼれば鄭玄の経学のあり方でもあった。言うまでもなく、鄭玄は漢代訓詁学の大成者とされる。その点で、朱熹の手法は、道学における経学のあり方からの逸脱とも言える。朱熹は異端であり、そうであるがゆえに張九成ら道学正統派への異議申し立てをなしえたということになろう。

そして、この点が陽明学との学知的相違なのである。王守仁がある時期以降陸九淵を高く表彰し、やがてその門流たちによって陸王心学の系譜作りが行われるようになっていくのには、こうした背景がある。朱子学が「道問学」に偏りすぎていて、それゆえ「尊徳性」がおろそかになっているという言説――朱熹も自認していた傾向――を大々的に宣教し、程顥にまでさかのぼって道学本来のあり方を取り戻すべきだとする、陽明学の論調は、実は歴史的にも正しいのである。王守仁に経書の注解が全くない――辛うじてそれらしいものとして数えうるのはわずかに「古本大学説」のみ――という事情は、程顥・陸九淵にもないのと同様であって、鄭玄の訓詁学や王安石の新学に対抗する学知としての道学の自己規定からすれば、本来の姿であると言ってもよい。道学は朱子学の大成によって体制教学たりえたわけだが、それは同時に道学の変質をも意味していた。

3 孟子の表彰と君臣論

宋代の新興流派として、新学と道学とにはいくつかの共通点がある。たとえば、天観念についても、天を理として捉える思考は王安石とも共通するものであった。ここではもう一つ、孟子の表彰について紹介しておく。

孟子を孔子の正統な後継者と認定したのは、王安石政権であった。科挙では『論語』と『孟子』が必修の経書とされ、受験生たちは新学の流儀によって書かれた注釈書を勉強して進士への道をめざした。こうした風潮に対抗して、司馬光や蘇軾は孟子批判の文章を著す。

しかし、同じく旧法党でありながら、二程は王安石と同じく孟子を顕彰する。その流れを汲む道学者による『孟子』注釈書が数多く書かれた。それらは上述した朱熹の立場から批判的に総括され、彼の『孟子集注』として結実する。以後、現代にいたるまで、『孟子』は『論語』と並んで儒教思想の最高の古典として扱われることになる。

孟子が説いた王道思想・仁義論・性善説は、道学の政治思想・秩序構想・人間観を支える根拠であった。『論語』や『荀子』からは得られない思想的遺産を、道学は『孟子』というテキストから得ている。しかし、『孟子』には彼らにとって難題となる教説も説かれていた。革命説である。

司馬光ら孟子批判派が論点にしたのも、孟子が君臣関係をなおざりにしているという点であった。たしかに、戦国時代の諸侯に向かって殷周革命の正統性を説く孟子の姿は、政治秩序が安定した宋の社会にはそぐわないものであった。張九成は自分の注解『孟子伝』の該当個所で、率直に違和感を表明している。朱熹の『孟子集注』では、その革命説を君主への警告として限定・封印し、臣下に向かって説かれた教説ではないと釘を刺している。孟子の危険性は彼の努力で幾分か緩和されたが、それでも明太祖は革命説にかかわる諸章を省いた版を流布させている。孟子の教説と朱子学の君臣論は相容れない側面を持っていた。

唐宋変革の政治的位相として、君主独裁体制の確立が挙げられる。「独裁」という語が適切かどうかは議論の分かれるところだが、唐までと比べて王権のあり方が変質し、君主とそれ以外の人々との間に大きな差ができたことは確かである。それにはさまざまな政治理論が作用しており、宋以降、禅譲《ぜんじょう》による従来型の王朝交替が起きていないことは最も象徴的にその変化を示している。すなわち、君臣の名分が厳格に区別され、臣下が形式上は平和的に君主と入れ替わるということができなくなったのだ。俗に大義名分論《たいぎめいぶんろん》と呼ばれる理論である。

それと関連して、欧陽脩や司馬光が彼らの史学研究においてこだわったものに正統論がある。過去の複数王朝併存状況において、どの王朝を正統と認定するかの議論である。仁宗崩御のあと傍系から即位した英宗の実父の扱いをめぐって生じた濮議《ぼくぎ》も、一つの根はここにある。濮議では欧陽脩ら政府当局者と司馬光ら諫言をつかさどる官僚とが、経学にもとづいて激しい議論を応酬した。

そしてもう一つが華夷思想《かいしそう》であった。国初から契丹《きったん》族の遼《りょう》と対峙してきた宋は、この非漢族王朝に対する自己の優越性を、今のことばで表現すれば漢族ナショナリズムとでも呼ぶべきものに求めた。真宗の時の講和条約締結後、軍事的劣勢を反映して外交上は下位に甘んじざるをえなかったために、国内では一層、自分たちの優越性を強調する見解がもてはやされる。南宋ともなると、華北失陥という状況が重なって、女真《じょしん》族の金に対する文化的優越感はさらに強くなった。

これらの象徴的事例が、三国時代の蜀漢正統論《しょっかん》である。魏《ぎ》の曹丕《そうひ》は簒奪者であり、後漢献帝の後継者は皇室の一員劉備《りゅうび》だというのが、大義名分論である。そして、それにもとづき、蜀こそが正統王朝だという立論がなされる。司馬光は『資治通鑑』で魏を正統としていたが、朱熹は『通鑑綱目』で蜀を正統に変更する。司馬光と朱熹のこの温度差は、華北を喪失している南宋が、中原を実効支配している金に対して自己の正統性を主張する必要に迫られていたからであった。言うまでもなく、こうした議論は日本の水戸学に多大な影響を及ぼし、朝幕関係論や南北朝正閏論《せいじゅん》の引き金となった。

南宋最後の宰相文天祥《ぶんてんしょう》がクビライへの投降を拒んだのは、こうした宋代士大夫の気概を表している。顧炎武や黄宗羲のような明朝の遺臣を支えた精神的基盤も、これらの理論にあった。彼らと同世代の王夫之《おうふうし》ともなると、さらに激烈な華夷思想で満州族の清を罵倒しており、清末に曾国藩《そうこくはん》が再発見するまで埋もれた思想家であった。南宋の滅亡が臨安（杭州）陥落の西暦一二七六年ではなく、多くの本ではいまだに崖山《がいざん》の戦いで最終的に王朝が壊滅する一二七九年だとされているのは、清末以来の漢族ナショナリズム再興機運によって生まれた歴史観であり、宋代に形成された名分論・正統論・華夷思想の枠組みの流用と言えよう。唐宋変革による思想の大変動は、現在につながる意味を持っているのである。

第12章

儒仏道三教の関連

前章は「思想史における唐宋変革」と題して、朱子学が誕生する背景、特に王安石との対抗関係と、孟子尊重の動向、およびそれに関連して君臣論・華夷思想について紹介した。前章は儒教の枠内での問題にとどまったので、この章はそれを承けて、仏教・道教との関係について述べる。

1 三教の成立

中国では儒教・仏教・道教を三教《さんぎょう》という。この名称が成立するのは西暦五世紀だと言われている。

儒教は諸子百家の一つであった儒家が、前漢の時に国教的な地位を得るとともに成立した。皇帝が執り行う国家祭祀を中核とし、儒家思想の中で練られてきたさまざまな儀礼を体系化することによって作り上げられた、精緻な礼秩序をともなう政治的教説である。漢代の文献では〈徳教《とくきょう》〉と呼ばれている。

漢代に伝わったとされる仏教は、当初、釈迦を神として崇拝するだけの神仙思想の一種としての扱いを受けた。経典が中国語に翻訳され、その教義内容が理解されるようになるのは、晋代になってからである。西暦四世紀末にシルクロードを経由して西方から学僧が次々にやってきた。彼らは各地の王権の庇護を得て、経典翻訳作業を推進した。こうして、廬山慧遠《ろざんえおん》のように、中国人出身の僧侶が教団を組織するようになり、世俗の王権と対峙する。ただ、それは反権力ということではなく、仏法には王権を支える役割があるとし、仏教教団の特権を認めさせようとするものであった。彼らの解釈する仏教では、開祖釈迦は王者としてこの世に君臨した聖人であり、経典は人間界のあるべき秩序について教える書物であった。スートラ（sūtra）が〈経〉と翻訳されたのは、儒教の経書を意識したからであり、単に教説を述べた書物というだけでなく、それが聖人によって後世に対して示された教えであるという解釈を伴っていたのである。

この二つ（儒・仏）に対して、道教はむしろ後発の教団であった。もちろん、その源流としての道家思想や神仙思想、あるいはお札《ふだ》を用いた祈禱・呪術のたぐいは、戦国時代にはそれぞれ一定の勢力を有していた。それらを統合して教団組織を形成し、政治的に大きな力を持ったのは、西暦二世紀、後漢末期に栄えた太平道《たいへいどう》と五斗米道《ごとべいどう》である。前者が黄巾《こうきん》の乱の母胎になったことはよく知られている。通常はこれらをもって道教の成立としている。ただ、文献上、教団としての〈道教〉という名称が確認できるのは西暦五世紀になってからである。〈儒教〉〈仏教〉という名称も、それぞれ他の〈教〉との区別や比較が必要になってから用いられるようになったもので、その意味で三教の成立をこの時期とみなすことも可能である。

これ以降、西方から景教（ネストリウス派キリスト教）・祆《けん》教（ゾロアスター教）・マニ教・イスラーム、さらにはローマカトリックなどが伝来はしたが、〈三教〉という枠組みで思想文化を理解する思考は一九世紀にいたるまで揺るがなかった。中国国内には多数のクリスチャンやムスリムが居住していたが、彼らは〈夷狄《いてき》〉の教えを奉じているとみなされ、中華の教義である〈三教〉とは区別されたのである。

ただ、三教のうち仏教は元来インドの釈迦が説いた教えであり、そのことは中国においてしばしば問題にされた。仏教は夷狄の教えであって中華の文化とは相容れないということは、儒教や道教が仏教を攻撃する時の論拠として常に引き合いに出された。それに対して、仏教側からはさまざまな形での応戦がなされた。そもそも、仏教が中国に浸透していくにあたっては、祖先祭祀を取り入れるなどの変容が起こっている。朱子学者たちの間に「仏教は儒教の道具を盗んだ」とする言い方が生じてくるのは、こうしたところからであった。

中国の仏寺（上：天童寺天王殿）と道観（下：玄妙観三清殿）
（Photo © PANA）

2 排仏論の構図

通常、魏晋南北朝隋唐時代は宗教の時代と言われ、仏教・道教が栄えていたとみなされている。儒教が衰退したわけではないにしろ、教説としての生命力は相対的に弱く、人々も心の平安を求めて仏教・道教の信仰に走った。こうした風潮に対する儒教側からの巻き返しが、韓愈の排仏論であり、宋代の新興儒教だというわけである。

この捉え方は間違いではない。しかし、魏晋南北朝隋唐時代をそのように表象したのが、宋代の儒者たちであったという点を見過ごすことはできない。彼らは、自分たちが新たな教説を展開する動機として、儒教の再興を掲げていた。彼らの目には、この時代が政治的・文化的な暗黒時代と映じていた。儒教は本来の正しいあり方からはずれて訓詁学という隘路に落ち込んでおり、それゆえ異端である仏教・道教が幅を利かせることになったという歴史認識を持っていた。従来の儒教では仏教・道教に対抗できない、それゆえ孔子・孟子の教えの原点に立ち戻って異端を排除し、理想的な社会を作り上げようという意欲が、欧陽脩をはじめとする宋代士大夫の間に湧き起こった。現代における上記の理解は、彼らの歴史認識を事実としてそのまま受け入れた上で、その価値評価を逆転させる形で成り立っていることに注意しなければならない。

韓愈や欧陽脩は激しい仏教批判を論説として著す一方では、友人の僧侶には深い理解を示してもいた。王安石や蘇軾も、儒者としての立場から異端排斥を唱えるものの、個人的には仏教を信仰している。彼らの経学説には、仏典や僧侶のことばから借りた文言が散見する。したがって、宋代儒教の仏教排斥を理解するためには、当時の仏教教義の水準を顧慮しないわけにはいかない。

かつて、朱子学の〈理〉概念は、華厳宗《けごんしゅう》の理と事とをめぐる思想営為の成果を継承して生まれたものだとする説明が流行したことがある。たしかに、儒教のみで中国思想を語ることには偏向があり、それを是正する意味で、仏教側からの朱子学への影響を探る試みは貴重であるが、何度か述べてきたように、理というのは当時の日常語であった。したがって、両者は同じ基盤に乗った発想ではあるけれども、一方的な影響関係で説明できるたぐいのものではない。仏教との関係を語るのであれば、やはり禅についてであろう。

3　禅

禅仏教は唐代に教団として確立した。元来のインド仏教とは性格を異にする、東アジア的な特性を強く帯びた独自の仏教だと評価されている。宋代にもその勢力はなお盛んであり、多くの士大夫の心を捉えていた。日本に臨済宗《りんざい》を伝えたとされる栄西や円爾も、曹洞《そうとう》宗の道元も、南宋時代に両浙路《りょうせつろ》（今の浙江省）に留学して教義を学んでいる。

禅というと個人の安心立命を求めて坐禅を組んで修行を重ねるもので、天下国家の経綸とは無縁という印象があるかもしれない。ところが、宋代の禅教団では、中には山林に隠棲して世俗の交わりを絶つ修行者もいたものの、政治の世界と関係を持つことのほうがむしろ普通であった。

たとえば、欧陽脩と生没年が同じ契嵩《かいすう》という僧侶は、時の皇帝仁宗に王道政治の要諦を説いた「万言書《ばんげんしょ》」を奉っている。「万言書」という名称は、王安石の文集などにも見え、政治に関する自分の所説を縷々《るる》述べ立てる文章を意味している。その中で契嵩は〈皇極《こうぎょく》〉を立てることの重要性を説いているが、この語は仏典にではなく、儒教の経書『尚書』洪《こう》範《はん》篇に見え、王安石も愛用した、当時重視されていた概念であった。もちろん、契嵩は仏法興隆が〈皇極〉になることを説いているのだが、自説の論理に儒教の政治哲学を流用し、しかもそのことに特にやましさのようなものを感じていたわけではないのであって、仏教者としての悟りへの道は、天下国家に秩序あらしめるためのものでもあったことを示している。契嵩は言う。

儒教も仏教も聖人の教えである。出所は異なるけれども、どちらも治めるということを目的としている。仏教は聖人の教えとして無為を説いている。有為は世を治めるだけだが、無為は心を治める。（「寂子解《じゃくしかい》」）

儒教と仏教という二つの〈教〉の機能を、世を治めることと心を治めることとに見出し、儒教は単に世を治めることしか説かない点で仏教に劣るとする論法である。なぜなら、心を治めることこそが、世を治める基本であるからだ。契嵩のこの所説は、他の禅僧にも広く見受けられるもので、禅が士大夫たちの心を捉えたこともうなずける。南宋の孝宗も儒仏道三教の機能の相違を、「儒教は世を治め、仏教は心を治め、道教は身を治める」と述べている。儒教側が仏教を排斥するためには、心の問題をどう処理するかが課題になっていた。

排仏論の担い手は、そのほとんどが古文家でもあった。これは偶然ではない。北宋なかばの時期、西暦一一世紀前半において流行していたのは、楊億《ようおく》を中心とする、西崑体《せいこんたい》と呼ばれる文体であった。そして、このグループは禅に心を寄せてもいた。古文運動は直接的には西崑体排除を志しており、したがって、その思想的背景をなす仏教に対しても攻撃を加えることになるのである。宋初三先生の一人石介はその急先鋒であった。彼は「怪説」という文章を著し、仏教・道教とあわせて西崑体を奇怪なものとして非難している。しかし、欧陽脩も含めて、慶暦世代の言論は、居丈高に批判を加えるだけで、実際に禅に心酔している士大夫たちを取り戻す説得性に欠けていた。その課題に取り組んだのが、第二世代の思索者たち、すなわち、王安石であり程頤であり蘇軾であったというわけである。

王安石と蘇軾が、表面的には排仏を説きながら、仏教的教説の世界に親近感を抱いていたことは上でも述べた。これに対して、もっとも徹底的に仏教を排斥したのが、程頤の道学だった。そこでは〈心〉の問題が主体的・自覚的に中心的なテーマとして取り上げられ、心の修養法として〈静坐〉が説かれることになる。契嵩や孝宗の発言に見られるとおり、当時は一般に、儒教は単に世を治めるための教説であって、心の問題には関与しないと認識されていた。程頤はここに目をつけたのである。兄の教説をなかば受け継ぎ、なかば修正しながら、彼は〈敬〉という概念を経書の中から発掘する。心の状態を不断に〈敬〉に保つこと、すなわち〈主一〉の考え方がこうして生まれる。契嵩が心を治めることこそが根本であると説いたのと同じ論理を、彼は儒教の枠内で成し遂げることに成功した。それはやがて朱熹により〈修己治人〉として定式化される、あの『大学』八条目に基づく議論である。そして、それは彼ら道学者たちにとって、王安石の新学に欠如する面として喧伝されることにもなっていく。

しかし、禅と同様の論法を導入することは、より一層の禅への接近にならざるをえなかった。道学の正嫡である張九成が、当時看話禅《かんなぜん》の第一人者として圧倒的な人気を誇っていた大慧宗杲《だいえそうこう》の教説に惹かれたのは、むしろ当然の成り行きであった。朱熹が張九成を道学からの堕落者として激しく非難するのは、道学がその危険性を本質的に持っていることに彼自身気づいていたからである。論敵陸九淵に対する非難のレッテルも「禅」であった。朱熹が訓詁学的手法を道学に導入したのは、そうすることで、禅が持つ以心伝心的な性格が侵入するのを排除し、あくまで儒教の枠組みの中で思考することを後学に要求したことを示している。

したがって、経学的な、しかも訓詁学的な朱子学の流儀に懐疑的になることから始まった陽明学が、禅的な性格を帯びるのは論理的必然であった。特に、良知の解釈をめぐる心性論とそれに由来する修養方法の論争が陽明学内部での分岐点となるにともない、禅の公案とも見まがうばかりの議論が展開することになるのは避けられなかった。これを同時代の朱子学者たちは、外部からの冷ややかな視線で無益な論争と斬って捨てたのである。

しかし、それが明末の多くの人々の心の琴線に触れたことは、陽明学の盛行という事実が示している。〈心〉の問題をいかに各人が納得できる形で示すことができるかは、この時期においても重要である。経済的な好況とそれにともなう社会の流動化という現象下にあって、事態はより一層深刻であった。実際、明末は、大慧宗杲以来ともいえる、禅の興隆期でもあった。泰州学派の焦竑《しょうこう》は、彼らとの親密な交際が伝えられている。馮従吾《ふうじゅうご》という人物は無善無悪説を批判する文脈において、儒教では本来、善一文字しか問題にしないのに、仏教が無善の二文字を提起したのだとして、王学左派と禅仏教とが軌を一にすることを指摘している。

4　儒教と道教

　さて、一方の道教についてはどうか。唐代には皇帝の祖先である老子が説いた教えとして、三教の中でも特権化され、武宗の時には会昌排仏《かいしょう》の動因にもなった道教の勢力は、宋代においても衰えなかった。真宗や徽宗の道教庇護はよく知られているし、一般には仏教愛好者とされる太宗や、慶暦の士人に代表される儒教復興のイメージが強い仁宗の時にも、宮廷の庇護を受けて道教教団は力を誇示している。朱熹が閑職として希望し、たびたびその任にあった道観監督者という官職は、王安石が旧法党の大物を中枢から追放するために設置したとされる。金の治下、華北では全真教《ぜんしんきょう》が興り、南宋治下の江南では内丹道《ないたん》が発展していた。朱熹は内丹に関する注釈書として『周易参同契考異《しゅうえきさんどうけいこうい》』を著している。元末明初の宋濂も道教に傾倒し、いくつかの著作をものしている。

　ところが、宋代以降の儒者が三教の一つとしてあげる道教は、しばしば「老」あるいは「老荘」と表現されるように、いわゆる道家思想を指している場合が多い。三教一致を主張する時に想定されているのは老荘思想であって、教団としての道教ではないのである。

　朱子学と道教思想との関係については、古くから言われてきた太極図をめぐる伝承問題を取り上げる必要があろう。

周敦頤の太極図は、朱熹が高く顕彰したことによって、朱子学宇宙論の骨格の位置を占めることになった。この図については、朱熹より一つ世代が上の朱震《しゅしん》が、当時流布していた、宇宙を表した他の二種類の図（先天後天図、河図洛書《かとらくしょ》）とともに、いずれも陳摶《ちんたん》に起源を発すると述べて以来、それを前提にした議論が展開されてきた。陳摶とは、五代末から宋の初期にかけて活躍したとされる道士であるが、教団に属していたわけではなく、むしろ隠者のイメージで語られている。朱震の系譜では、途中、北宋初期の古文家たちの名を挙げながら、先天後天図は邵雍に、河図洛書は种放《ちゅうほう》に伝授されたことになっている。

この系譜は、朱熹の周敦頤顕彰とは無関係であり、朱熹は太極図を周敦頤の考案とみなしていた。しかし、そのことをめぐっては、すでに陸九淵が朱熹に論戦をいどんでおり、太極図が道教系統のものであろうという疑いは、朱熹の学説を鵜呑みにしない学者の間では絶えず問題とされ続けてきた。中でも、黄宗羲の弟宗炎《そうえん》は、陸王系統の教説を儒教の正嫡と位置づける必要もあって、太極図が道教に由来することを暴き立て、その儒教の中での権威を失墜させた。以後、これが定論であるかのようにして最近にいたった。

ところが、近年の研究により、従来、道教側の史料にあった太極図の原型とされるものが、時代的には南宋になってからのものであり、むしろ、道教側が太極図を模倣して作り上げたものであることが明らかになった。つまり、朱子学によって権威を与えられた太極図を、道教側が取り込むことによって自説の基盤を強化したということになり、従来とは逆に、朱子学が道教に与えた影響の証拠として見うることになったのである。

このことは、別の局面ではたとえば白玉蟾《はくぎょくせん》という道士が、朱熹没後まもなくの時期に自身の教説に朱子学ならではの（道学のというよりも明瞭に朱子学の）教説を取り込んでいたりする事例とも照応して、朱子学が同時代の思潮に与えた衝撃の大きさを物語っている。そこでは情報伝達媒体として出版物を活用した朱熹の戦略が効を奏している。白玉蟾の場合には、この面でも朱熹を模倣している。

陽明学と道教の関係については、今後さまざまなことが明らかになってくる可能性を秘めているが、現時点では身体論が注目される。朱子学が身体論を軽視したわけでは決してなく、気によって世界を説明する発想は、道教とも深く関わる中国思想の共有基盤に乗っている。しかし、理知的・分析的に諸概念を駆使して世界を認識し、経綸をしていこうとするその学知のあり方からして、身体論を身体の問題それ自身として取り上げる傾向は弱い。

これに比べて、万物の一体性を強調する陽明学においては、感性的・直観的な精神活動を重んじるために、身体についての反省的な思索がなされることになっていく。それが、当時の人々の生活感覚・日常経験に即した形で、心理的共感を呼んだのであろう。

上述した禅の問題とも絡めて、明末における三教融合思想は、近世中国の思想文化を解明するうえで重要な分野である。林兆恩《りんちょうおん》の三一教《さんいつきょう》はその名のとおり三教一致を唱えるものであったし、李贄《りし》の教説は個別の〈教〉の枠組みには収まらない拡がりを持っていた。朱子学・陽明学について考えるに際しても、単に儒教史の範囲に限定するだけではいけないのである。

第13章 経学史のなかで

前章は「儒仏道三教の関連」と題して、朱子学・陽明学を三教交渉の文脈に置いてみた時の諸問題について説明を加えた。いわば横の拡がりを持たせたわけである。この章はこれを承けて、清代にどうなっていくかという縦の時間軸に拡げた考察を行う。

1 〈漢学〉の形成

清朝盛期のいわゆる乾嘉《けんか》の学（乾隆《けんりゅう》・嘉《か》慶《けい》年間の学術）を代表する恵棟《けいとう》は、漢代経学者たちの『易』の注解佚文を集めて『易漢学』と題した。〈漢学〉とは、漢代に成立した訓詁学であり、その頂点が鄭玄ということになる。その対概念として彼らによってしばしば言及されるのが〈宋学〉で、朱子学・陽明学を中心とする宋から明にかけての思潮全体を指し、彼らにとっては批判・克服の対象であった。清朝考証学とは、〈漢学〉という旗印を掲げた、朱子学・陽明学への対抗運動であった。

彼らにとって、朱子学と陽明学は同類の批判すべき流派であった。それはどのような観点によるものだったのであろうか。

『国朝漢学師承記《こくちょうかんがくししょうき》』と『国朝宋学淵源記《こくちょうそうがくえんげんき》』という二冊の伝記集を著して、清代における両派の系譜を整理した江藩《こうはん》は、前者の総論において次のように宋代の経学を批判している。

> 宋のはじめには唐の時代の悪風を受け継いで邪説が幅をきかせ、経書を乱し聖人をそしること、ひどいありさまだった。『詩経』に対する欧陽脩の態度、『春秋』についての孫復の解釈、それに王安石の新義がそうである。濂洛関閩《れんらくかんびん》の学問にいたっては、礼楽の源《みなもと》をきわめずに、ただ単に性や命ということを標榜するだけのことで、旧来の注釈書は棚につんでおくのみで読もうともしなかった。

第11章「思想史における唐宋変革」で述べたように、宋代の新興儒教は、それ以前の経学のあり方への批判を一つの出発点としていた。その動機は、前章「儒仏道三教の関連」で述べたように、漢代以来の経学が人々の〈心〉の問題を解決する術《すべ》を持たず、それゆえに仏教・道教の流行を招いているという危機意識にあった。儒教が本来の正しいあり方を回復すれば、異端邪説は地上から駆逐できるという信念が、彼らの運動を支えていたのである。これもまたすでに説明してきたように、そうした信念は、社会秩序の担い手を自負する士大夫層が、淳良な風俗を布《し》く責任があるという意識に基づいていた。つまり、朱子学の誕生は単に思想的な次元で生じたわけではなく、政治的・社会的運動としての色彩を強く帯びていたのである。

朱子学を批判する形で陽明学が誕生すると、朱子学に留《とど》まった士大夫たちからは、反論が提起される。第8章「天理と人欲」で見たように、その反論は陽明学が八条目の階梯《かいてい》性を無視することに向けられていた。陽明学の修養論は、実際の政治の現場で役に立たないというのである。陽明学のなかにも、この点では朱子学者に共感する流れがあり、それがいわゆる左右両派の論争となっていく。明末清初の顧炎武と黄宗羲とは、学派分けを施せば朱子学と陽明学とに分かれるが、多くの点で立場を共有しており、それゆえ〈経世致《けいせいち》用《よう》〉学派として一括されることもある。経世致用の学とは、天下を経綸《けいりん》するための実用的な学問という意味で、〈経世済民《けいせいさいみん》（世を経《けい》し民を済《すく》う）〉を目的とする。陽明学の無善無悪論が人欲をそのままの形で肯定し社会秩序を乱している（と、彼らには見えた）ため、その弊害を矯正し、政治の現場に役立つ学問を振興しようとしたのである。

顧炎武の場合、批判の対象は陽明学だけではなく、明代の学風全般に及んだ。槍玉にあがるのは、科挙試験の国定教科書として成祖《せいそ》永楽帝《えいらくてい》が編纂させた、朱子学的立場にもとづく注釈書・著作物の集成、『四《し》書五経性理《しょごきょうせいり》大全《たいぜん》』である。

既成の注釈書を持ってきてまるごと書き写しただけのしろもので、上は朝廷を欺き、下は学生たちをだましたのである。唐や宋の頃にこんなことがあっただろうか。……ああ、経学の衰退は実にここに始まったのだ。（『日知録《にっちろく》』四書五経大全）

顧炎武の見解によれば、『四書五経性理大全』の編集こそが、儒教経学の生命力を途絶えさせた元凶である。経書解釈が硬直化したことにより、経学は単に科挙合格・立身出世という、功利的な目的でなされる受験勉強にすぎなくなった。本来、経学こそが理学であったのに、以後両者は別のものとなる。その結果、経学とは別個の次元で心学と称する学術活動が展開されることになり、講学活動を通じて、奔放で根拠のない教説が儒教の名で広められる。とりわけ彼が嫌うのは、李贄《りし》であった。

この点は黄宗羲にも共通していて、彼は『明儒学案』で李贄に対してことさらな軽視の態度をとっている。黄宗羲は王守仁嫡流を自認しているため顧炎武とは違って、明代儒教は宋代よりも優れていたと評価しているが、王学左派の末流がもたらした弊害については、顧炎武同様批判的であった。彼らは、明朝の体制が転覆した原因として、儒教学術の堕落と邪説の横行を挙げている。

2　清代礼教秩序の構築

顧炎武や黄宗羲は明王朝への思慕と満州族の清への嫌悪から正式な出仕をしなかった。しかし彼ら明の遺臣と異なって、その後継者たちは、新しい王朝である清に仕官し、その下での士大夫としての責務を果たすことに努めていった。その際に秩序再建の拠り所となったのは、朱子学的な政治哲学であった。中国史上稀に見る名君と評される聖祖《せいそ》康熙帝《こうきてい》の下には、李光地《りこうち》のように側《そば》近くに侍《はべ》った学者ブレーンや、湯斌《とうひん》・張伯行《ちょうはくこう》のように地方官としてめざましい実績をあげた名官がおり、明代後半の風気を一掃して清朝の盛世を確立するのに貢献した。顧炎武の甥の徐乾学《じょけんがく》や、黄宗羲門下の万斯同《ばんしどう》らも、学者として宮廷に出仕していた。

彼らが共通に抱えていた問題は、流動化する社会の秩序をいかにして保つかということであった。こうした状況下において、キーワードとして持ちあがってきたのは、やはり〈礼教〉であった。明末の王学左派において根底的に批判されたはずの〈礼教〉が、ここに復活する。

こうした流れを、近代以降の思想史研究においては、一種の逆流現象と捉えてきた。五《ご》四《し》新文化《しんぶんか》運動を歴史の到達点として清代思想史を捉えようとするならば、そう見るしかないからである。それはそれで一つの物語を構築することに成功してはいるけれども、清代の士大夫が主体的に何をめざしていたかについての考察は視野から抜け落ちてしまう。

実際の趨勢を端的に表現すれば、「理から礼へ」ということになろう。一九九〇年代以降、内外の研究者の間でこの問題への関心が高まっている。陽明学が説いたような、天理としての人間の良知というあやふやなものではなく、もっと確固とした形を持つ規準、すなわち礼教が秩序の拠り所とされた。そのため、夏殷周三代、すなわち太古の黄金時代の礼の制度・規定を正しく復元する作業が、残された文献の緻密な読解を通じて試みられる。それには、経書の一言一句を、特殊な用語・名称を含めて正確に理解しなければならない。顧炎武によって扉が開かれた、古代漢字音の整理を中核とする名物訓詁の学が、多くの学者の心を捉えるようになっていく。

3 考証学と朱熹

時代の好尚がこのように変化したのには、社会的・経済的要因も作用していた。学者たちは科挙受験にあくせくしなくても、経学研究の片手間の家庭教師として充分生計を立てていくことができるようになった。宋代や明代なら、そうした生き方は志を全うできない不本意なものと自覚されていたのだが、生活水準の向上によって、そうした挫折感を持たずに学究的な人生を送る学者が輩出するようになる。彼らを果たして語の正しい意味で士大夫と呼ぶべきかどうか、見解が分かれるところであろうが、そうした人物であっても、究極的には儒教経学の使命に参与しているという自意識のもとで著作活動を展開していたのであり、必ずしも政治と無縁な場所に遊んでいたわけではない。彼らのパトロンは政府高官だけでなく、塩の専売で財をなした大商人の場合もあり、江南には彼らの間の学術ネットワークが形成されていた。考証学とは、こうした場における言説空間であった。

この章の冒頭で紹介した恵棟は、繁栄を極めた蘇州を根拠地としていた。顧炎武もこの土地の出身である。この都市は江南の中心にありながら、明代に陽明学者を生み出さなかった。大上段に振りかぶって性善説と致良知を説くよりは、精緻な知的営為に則って過去の制度・文物を復元する作業のほうが、この町の気質に合っていたのであろうか。恵棟の流派は、蘇州に都《みやこ》したかつての国名をとって呉《ご》派と呼ばれる。

考証学のなかで呉派と勢力を二分するのが、戴震率いる皖《かん》派であった。この名称は彼の出身地徽《き》州に由来する。徽州は山西と並んで塩商人の故郷として知られ、彼らは郷里とのネットワークは保持しながらも、揚《よう》州などを拠点に交易活動を展開していた。その一方で、朱熹の祖先・一族の地元という意識も徽州にはある。戴震はたしかに朱子学を批判したが、朱熹自身に対しては微妙な態度を示しており、あるいはこうした地域意識が反映しているのかもしれない。

教科書的な解説としては、考証学すなわち漢学は、朱子学・陽明学をともに〈宋学〉として葬り去ったことになっている。しかし、事実はかなり複雑である。まず、礼制復元のため礼学研究を重視する彼らにとって、朱熹の『儀礼経伝通解』は尊重すべき書物であった。実際、江永《こうえい》『礼書綱目《れいしょこうもく》』などは、朱熹の方針を継承することを謳っている。また、恵棟の父恵士奇《けいしき》は、「経学においては漢代の服虔《ふくけん》・鄭玄を尊重するが、倫理規範の面では程頤・朱熹に遵《したが》う」と述べて、学術活動と日常生活とを区別している。これも多くの考証学者に共通する点であり、三代の礼制を復元することを標榜していながら、実際の生活では朱子学式の冠婚葬祭を使用していた。彼らは漢代の士大夫ではなく、宋代以降の近世的士大夫であった。

高宗乾隆帝《こうそうけんりゅうてい》の下では多くの考証学者が召し抱えられ、四庫全書編纂などの事業を担った。しかし、科挙においてはあいかわらず四書を中心とする経書からの出題がなされ、一部の考証学者がその成立事情に疑義を差し挟んだ『大学』や『尚書』が、聖人の言行を記録したものとして神聖視されつづけていた。社会の実態は、現代の研究者が「礼治システム」と呼ぶように、朱子学的な礼教秩序の浸透が進んでいたのである。

4 考証学の特異性

朱子学がほぼ学界を独占した明代前半や、陽明学が流行した明代後半との大きな相違点は、考証学が一般士大夫の共通の知識とはならなかったことである。考証学は、一部の学者たちの知的な営為にとどまっていた。もちろん、このことはその学術水準の高さを否定するものではない。その精緻さの点で、経学としてはその手法は朱子学を凌駕していたし、かなりの客観性を持つために、今でもなお、考証学の成果は学術的に信頼するに足るものとして評価されている。しかし、おそらく、その点で、朱子学・陽明学と、考証学とは異質なのである。しばしば言われるように、考証学は〈学〉ではなく〈術〉なのだという評価も、これと関連していよう。

朱子学のなかにその可能性がめばえ、陽明学において開花していた、経書よりも自分の〈心〉に重きを置く発想法は、清代の一部の学者には非常に危うい、独りよがりのものに見えた。そこで、彼らは経書を正確に理解する手法を確立していった。その〈術〉が、漢字の字形や音の研究に基礎を置く考証学である。したがって、考証学とは、教説内容において朱子学・陽明学の教説に異を唱えることを初めから意図していたわけではない。問題はあくまで形式・手法の厳密さにあった。

もちろん、こうした学知のあり方自体、良知に全幅の信頼を置く陽明学とは相容れないものとなるのは当然で、ここに清朝流儀の〈漢学〉と明代の趨勢であった〈宋学〉との教説上の対立が生じた。その際、〈漢学〉側は朱子学の性理学説（理気論・心性論）をも含め

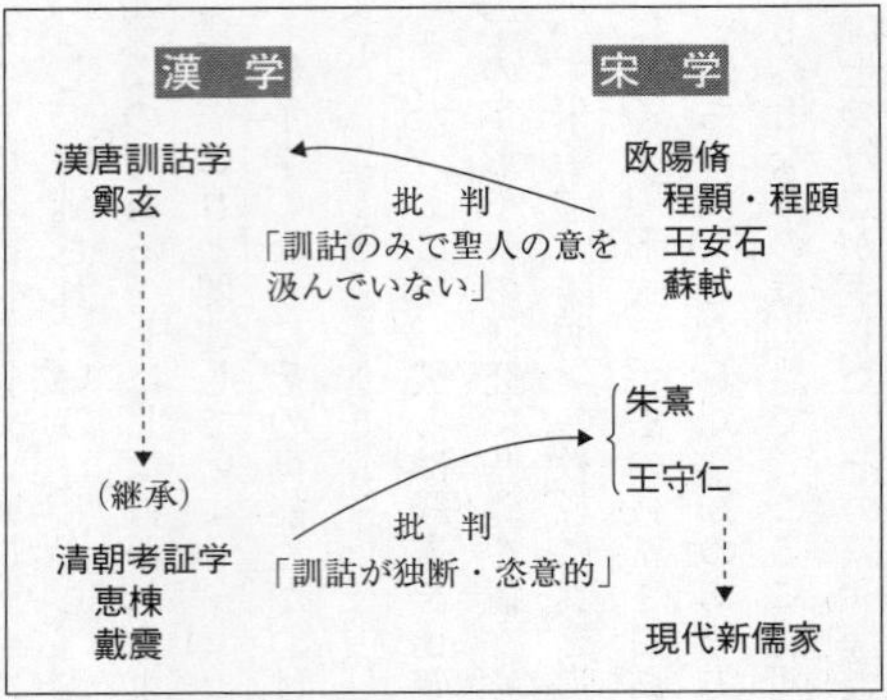

漢学 vs. 宋学

て、その根拠が誤った経書解釈に基づくものであるとの見解から、批判対象として〈宋学〉の枠にくることになった。そう批判された清代の朱子学は、性理学説の護持という立場をとることによって、〈漢学〉の敵方陣営に属することをみずから認めていった。こうして、〈漢学〉対〈宋学〉という図式が成立する。

ただし、すでに述べたように、漢学者のなかにも朱子学の遺産を継承しようという考え方はあるのであって、ここで〈宋学〉として批判対象になったものが、あくまで漢学側からの視線にさらされた宋明理学であったことを忘れてはならない。〈漢学〉と対立する立場を固守することで、〈宋学〉は本来の宋代・明代の学術とはまた異質な、独自の主張を持つものとなっていく。すなわち、〈漢学〉がことのほか重視した礼制・礼教の内実についての意図的な軽視である。本書第1章で定式化したような意味での「宋学」とは異なる、性理学説偏重の〈宋学〉ができあがった。

このことが、皮肉にも、近代において礼教批判が時代の主潮となるなかで、〈宋学〉が生き延びえた理由であった。〈宋学〉が説く秩序は、五倫五常というお題目だけで、それ以上の実質はなんら重みを持たず、意匠を替えることが容易であったからである。逆に、〈漢学〉のほうが、形としての礼教を背負い込んでいたために、実践的契機を持つ教説としては急速に力を失い、単なる好古趣味か、学術としての思想史・制度史研究へと変貌していくことになるのである。最終章で紹介する現代新儒家が〈宋学〉の系譜を引くことは言うまでもない。

第14章

東アジアにおける近世

前章は「経学史のなかで」と題して、清代になって生まれた新たな潮流が朱子学・陽明学をどのようにみなしたか、またそれによってどういう問題が生じたかを解説した。この章はこれを承けて地理的に対象を拡大し、東アジア地域全体における思想文化の変動について述べる。

1 中国史の時代区分

時代区分という考え方がある。太古以来の歴史の流れを、ある指標によって性格づけされた時代ごとに、いくつかに区切る思考法である。その最も基本的なものは、古代・中世・近代という三区分である。この考え方が成立したのは近代ヨーロッパにおいてであった。歴史は単純な繰り返しではなく、ある一定方向の指向性を持った、しかしながら時に屈折した流れを持つ。そうした歴史認識が成立し、古代と近代の中間に「暗黒の中世」を挿入することによって今を肯定する思惟が広まったことが、この時代区分法を定着させていった。

その後、これが「世界史の普遍法則」と表象されることによって、西暦二〇世紀には非ヨーロッパ文化圏にも適用される歴史学の用語となっていく。したがって、この発想自体、歴史的・特殊的なものであり、その相対化を試みるのがむしろ現在の潮流である。ここでわざわざ時代に逆行するかのごとく、時代区分として「近世」という用語を持ち出すのはなぜか。まず、その説明をしておこう。

中国史に「近世」という時代区分を設けることを本格的に提唱したのは、日本の研究者内藤虎次郎（湖南）だった。本場の中国では今でもこの用語を普通は使わない。当初の内藤自身の用法では「近代」との区別が曖昧であったが、一九世紀の「西洋の衝撃」以降を「近代」と称することが一般化し、それ以前の時代を指して「近世」と呼ぶようになった。とはいえ、これがすべての研究者が共有する認識枠組みになったわけではない。中国史上に近世を認めず、中世が近代に接続するという理解もあった。近世を認めるにしても、その始点は明末清初であったり明朝創設であったりモンゴル帝国の形成であったり唐宋変革であったりと、ばらばらである。以下の論述は、この最後の立場をとる議論であることを了解していただきたい。

唐宋変革以降を近世と捉えることの長所はどこにあるのだろうか。内藤湖南がこの時代区分法を提起した際にもっともこだわったのは、文化の変質とそれを支える政治体制とであった。貴族的な文化が「平民」文化に取って代わられたのは、政治体制が貴族制から君主独裁体制に移行したからだというのである。それは本書が用いてきた用語で表現すれば、「士大夫」を担い手とする政治文化の成立ということである。これは近代の歴史学者が発見した埋もれた事実なのではなく、すでにその当事者たちがそう自覚していたことでもあった。彼らの自意識に叶っているというこの点が、時代区分の上で唐宋変革を特別なものにしている所以である。

こうして作られた政治文化の枠組みは、いわゆる「近代」の開始まで継続する。狭義の思想史研究において区別されてきた、宋明理学の時代と清朝考証学の時代とが、実はそれほど大きな質的変化をともなうものではなく、むしろどちらも宋代に始まる流れに属する潮流であることは、前章で論じたとおりである。また、儒仏道三教も宋代に形成された関係のなかで動いていくことを、第12章において述べた。宋から清までの間に、もちろん変化がなかったわけではないが、それ以前の時期と比較した場合、その相違は本質的なものではない。宋代に生まれた朱子学が、陽明学の流行や考証学の興隆にもかかわらず体制教学としての地位を占め続けたことも、この説明を補強する。しかも、第9章「礼教と風俗」で述べたとおり、社会秩序構想に関しては、陽明学もその大勢は朱子学と同じ志向を持っていた。その意味で「近世は朱子学の時代であった」と言うことができよう。

ただし、かつて丸山真男が日本政治思想史の文脈で定式化したように、朱子学は旧体制を護持する思想であるとする評価は根強い。丸山説とは独立に、島田虔次は朱子学から陽明学への展開過程全体を中国の近世（正確には陽明学衰退によるその挫折）と捉えた。また、守本順一郎は丸山説を批判的に継承しながら、朱子学は東アジアにおける封建的・中世的な思惟であると位置づけた。朱子学の時代を近世と呼ぶことに何か内容を込めるとするならば、これら諸説とは別の視点が必要である。私はそれを「印刷出版文化の時代」として性格づけたい。

2　印刷出版文化の時代

思想文化は伝達媒体を必要とする。もっとも単純には生身の人間がその役割を果たす。口伝《くでん》による先生と弟子との直接的な関係は、人類が言葉を獲得して以来、いつでもどこでも見受けられた光景である。その後、多くの文明圏は文字を使用するようになった。東アジアにおいては、中国で発明された漢字が書記言語として普及し、いわゆる漢文が「西洋の衝撃」以前における共通語の役割を担った。しかし、文字は表記される媒体を必要とする。はじめは亀の甲羅や牛の骨あるいは金属製品の表面が、のちには竹や木の札《ふだ》あるいは絹の布が使われ、やがて紙が発明される。この物的改良につれて識字層の割合は増大したが、それでも手で書き写された書物を目にしうる人の数は限られていた。写本と比較するならば、印刷は書かれたものの大量複製を可能にする画期的な技術であった。これが普及していくのが宋代である。蘇軾の文章は、彼の時代がまさにその転換期だったことを如実に示している。

> 私が年配の先生から実際にうかがった話では、その方が若い頃には『史記』や『漢書』を読もうと思っても手に入れることができなかった。さいわい借りることができると、自分で全部書き写して昼も夜も朗読し、ひとときも休まなかったという。近頃では、商売人が毎日のように諸子百家の本をあいついで大量に印刷出版している。学生たちは本を簡単にたくさんそろえることができるようになった。（「李《り》氏《し》山《さん》房《ぼう》蔵《ぞう》書《しょ》記《き》」）

すでに何度も言及してきたとおり、朱子学の教説が普及するにあたって書物が果たした役割は巨大であった。そうした聞見知、現代流に言えば情報過多な風潮に対する反省として陽明学運動が起こったことも指摘ずみである。民衆教化のためにさまざまなテキストやマニュアルが作られたことも紹介したが、これも印刷技術なしには生じえない事態である。西洋史においては「活版印刷無くして宗教改革無し」とされてきたが、それをもじれば

「木版印刷無くして朱子学無し」なのである。

その意味でも、朱子学の成立とは、西洋史におけるルネサンスや宗教改革と位相を同じくする事態であった。それまで一部特権階層によって秘教的に担われてきた知識が、書物を通じて拡散していく。「聖人学んで至るべし」との教説は、真理の前での機会均等を説いていた。もちろん、実際問題として学問する経済的余力と精神的動機を有するのは文化資本を生まれつき受け継いだ者に限られている。だが、社会の流動化がある以上、文化資本は特定の家柄に付随するわけではない。先憂後楽のエリート意識は満街聖人の平等主義につながっていた。陽明学の誕生と流行は、明代後半の江南地方という、経済的好況と文化的爛熟の条件下で生じた。その楽観主義には同時代にすでに多くの冷ややかな視線が寄せられていたが、繁栄時代の終了と清朝治下での新たな秩序構築の動きのなかで、再び朱子学的思惟が力を得たことは、明代後半を間にはさんで、前後の時代の連続性を物語っている。

清代には、より一層の礼教の浸透をめざして、朱子学の具体的教説さえも批判の対象とする形で考証学的な営為が進められていく。一八世紀のカトリック宣教師たちが驚異と賛嘆のまなざしをもって本国への報告書簡に描いた清朝の栄華は、宮廷人の立場から過度の美化が施されているにしても、戦争に明け暮れる当時のヨーロッパ人が抱いた偽らざる実感に根ざすであろう。近代人の感性からは批判対象となる礼治システムは、政治的・社会的安定が保障されている限りにおいては住み心地のよいものだったはずである。中国の近世は「暗黒時代」ではなかった。

3　周辺諸国への波及

同様のことは、漢字を用いる東アジアの他の国々でも生じていた。

まずベトナムについて言えば、一五世紀に明帝国から独立した黎《れい》朝は朱子学を摂取し、学校や祠廟に関して明を模倣する制度を布いた。ただ、それがどこまで実際に浸透したかは疑問である。また、思想史上注目される学者もほとんどいない。しかし、阮《げん》朝治下の一九世紀ともなると、村の内部に漢字運用能力を有する人物がいて文化的指導者となっていたことや、フランスからの独立運動を担った革命家たち（共産党を含む）に儒教的素養があったことも知られている。

朝鮮半島では高麗《こうらい》から朝鮮王朝への革命が転機となった。高麗は宋とほぼ同時期の創設であるが仏教を篤く信仰し、モンゴル帝国の辺境における服属国として一四世紀を辛うじて生き延びていた。しかし明の誕生という情勢変化を受けて実力者李成桂《りせいけい》（イ・ソンゲ）は、鄭道伝《ていどうでん》（チョン・ドジュン）をはじめとする儒者官僚の助力を得て革命に成功する。その後、王権と儒者官僚との間に確執が生じた時期があったものの、後世の史家から大王と追慕される世宗《せそう》（セジョン）の下でさまざまな文化事業が推進され、朱子学を国教とする体制が整った。科挙制度の整備により、のちに両班《ヤンバン》と呼ばれる知識人階層が誕生し、在地社会の指導者となった。木版以外に金属活字も多用する出版事業に支えられて朱子学の教説が広まり、彼らの生活理念は中国の士大夫と同様、修己治人となっていった。冠婚葬祭や血縁組織も朱子学の教説に倣って改編された。

一六世紀には李滉《りこう》（イ・ホワン）・李珥《りじ》（イ・イ）という、朝鮮朱子学の二大潮流の開祖となった大学者が活躍した。時あたかも中国では陽明学の勃興期であったが、李滉は朱子学者の立場から陽明学を批判している。

天命之謂性率性之謂道修道之謂教
命猶令也朱子曰命如朝廷差除又曰命猶誥勅○北溪陳氏曰命如分付命
令他一般性即理也朱子曰有是性便有許多道理總在裏許在心喚做性在
事喚做理○北溪陳氏曰性即理也何以不謂之理而謂之性蓋理是泛言天地間人物
公共之理性是在我之理只這道理受於天而為我所有故謂之性天以陰陽
五行化生萬物氣以成形而理亦賦焉猶命
令也於是人物之生因各得其所賦之理以
為健順五常之德所謂性也朱子曰伊川云天所賦為命物
所受為性理一也自天所賦予萬物言之謂之命以人物所稟受於天言之謂之性○天
命與氣質亦相袞同纔有天命便有氣質不能相離若闕一便生物不得既有天命須是

朝鮮版の『中庸大全』

李滉と李珥との学説の相違は、理気論・心性論の分野にあった。第1章で紹介した主理派と主気派である。その差異は彼らの後学たちの間で拡大再生産されるうちに政治的党争に変質し、朝

韓国紙幣に印刷された李滉（上）と李珥（下）の肖像

鮮政治史の重要なテーマとなっていく。幾多の書物が政治抗争の武器として編まれ、印刷された。

藤原惺窩・林羅山・山崎闇斎といった江戸時代初期の儒者が学んだのは、李滉の系譜を引く朱子学であった。第5章「日本における受容」で述べたとおり、本格的な朱子学受容はこの時期に始まる。ここでもやはり担い手と伝達媒体の問題があった。

徳川政権下、宗門改《しゅうもんあらた》めの道具として政治的に利用されたことにより独立した宗教的権威を失墜した仏教に代わって、儒教が支配者としての武士にしだいに浸透していく。その媒体としては、羅山や闇斎が積極的に作成に取り組んだ訓点送りがな付き木版印刷本、いわゆる和刻本が挙げられる。写本時代と違って、中国から輸入した版本に訓点送りがなを付し、それを版木に彫れば、実に容易に複製翻訳本ができる。こうして漢籍を購読する人口が飛躍的に増加した。経済的に余裕のできた農民や町人たちも、この新来の道徳哲学に飛びついていく。

琉球は独自に福建経由で中国皇帝に朝貢しており、その縁で早くから福建の出版文化に触れる機会があった。人的交流もさかんで、那覇郊外には福建渡来の人々が政治行政にたずさわる集団として移民してきている。朱子学の浸透もそうした地理上の要因によっている。ここでは日本本土とは異なり、儒式の冠婚葬祭や血縁組織がかなりの程度浸透した。鎖国状態にあった日本は、この琉球や長崎から流入した中国書籍、および朝鮮通信使が将来する書籍を通じて、同時代の中国・朝鮮の学術について情報を得ることになる。

このように、東アジア全域にわたって朱子学・陽明学は展開した。それ以前が仏教の時代であったことに比べてみれば、相違は一目瞭然である。その要因としては、中国において仏教の創造的生命力が衰え、儒教が新鮮な思想潮流であったことが挙げられよう。しかし、単に一方向的に中国のものを周辺が欲したというだけではなく、それぞれの社会が新しい秩序構想を求める時代に変化していたのである。日本において、朱子学そのものの存在は早くも一三世紀に知られていながら、それが仏教教団から独立した力を持つのが一七世紀になってから、社会への浸透はさらに遅れて一八世紀以降であったことがそれを示している。

4　近代、そして現代

東アジアにおける近世社会に変質を迫ったのが、一九世紀のいわゆる「西洋の衝撃」である。軍艦大砲の力を誇示する西洋文明との本格的遭遇を機に、その背景をなす政治社会の仕組み、さらには思想・学術のあり方にまで拡がる文明の受容が行われた。それを普通「近代化」と呼ぶ。

しかし、近年、二つの近代という考え方が提起されている。たとえば、日本史家の尾藤正英は内藤湖南の説に依拠しながら、応仁の乱に始まる近世を内発的な近代、明治維新を外発的な近代とし、前者の変化の方が根本的であったとする。朝尾直弘も独自に同様の見解を述べている。いわゆる近代とは、西洋風に政治・文化の意匠を変えただけのことで、社会の仕組みそのものは、実は本質的な変化を蒙っていないというのである。

また、別の論者によれば、朱子学・陽明学的なメンタリティーは、明治維新や第二次世界大戦を経過しても日本人に残っているとされる。国際的に地位が低下しつつある現在、再び日本を輝かせようとするナショナリズム的言説において、そのことが声高に主張されるのも由《よし》なしとしない。しかし、時代はもはやその先に行こうとしている。それは現代における媒体技術の革新に由来する。

日本のみならず、東アジアの人々の意識が本格的に動揺しだしたのは、一九世紀ではなく、むしろ二〇世紀末であった。高度経済成長とそれにともなうこれまでに類を見ない激しい社会の流動化現象は、安定した秩序ではなく、不断の変化を人々に認識させた。近世になって形成された、いわゆる伝統的な社会秩序、たとえば家族や近隣などの対人関係のあり方が、急速に変化している。それにともなって、そうした社会に基盤を置いていた、これも近世に始まる伝統的な思考様式が揺らいでいるのだ。

それを媒体面で後押ししているのが、電子通信技術の発達と電脳化の進行である。それは印刷出版文化の時代の終焉を告げている。今や書物は情報伝達媒体としては二次的な役割しか果たしていない。私たちは書店や図書館を知の集積庫として利用している。ところが、そこで提供されている情報は、すべてもともと新技術によって作成・定着・複製されたものである。たとえば、本書も万年筆と原稿用紙ではなく、キーボードとワードプロセッサを使ってディスプレイ上で電子的に作成・編集されたものである。読者は紙に印刷された形で執筆後何箇月も何年も経てからはじめて本書を読んでいるが、現在の技術を活用すれば、執筆と同時進行でウェブサイト上においてその成果を享受することもできる。著者側が望めば、その時点で読者からの感想・質問を受けとることも可能である。時間・空間の隔たりを無化するこうした新技術は、かつて印刷術が発明された時と同様の大きな変化を、思想文化にもたらしつつある。

それがどこへ向かうのか、現時点ではまったくわからない。しかし、文明史的に、今われわれが置かれている状況は、かつて朱子学が登場した頃と非常によく似ている。朱子学について知ることは、単にその教説内容を学習するのみならず、われわれ自身がこれからどうするかを考えるためのよすがとしても重要なのではあるまいか。

第15章

朱子学・陽明学の未来

これまで十四章にわたって、朱子学・陽明学の過去について述べてきた。
この章は最終章として、その現状と未来について考えてみたい。

1 現代新儒家

米国ハーバード大学のハーバード＝イェンチン（燕京）研究所に在籍していた杜《と》維《い》明《めい》（Wei-ming Tu）教授は、みずから「ボストン＝コンフューシャン（Boston Confucian）」と称する儒者である。しかし、アメリカでの立ち居振る舞いは、通常のアメリカ人となんら変わらないし、民主主義の信奉者という点では、キリスト教保守派よりもよほど「開けた」人物である。

原始儒家の志向は教育にあり、教化によって政治を変えようとしたのであって、政治権力に頼って理想世界を構築しようとはしなかった。最もはっきりと儒家精神を表現している「内聖外王」の道は、荘子が提起したものである。多くの儒者が儒家のこの基本精神を継承したけれども、まちがいなく、儒家学術自身の発展経路から見ると、教育から、人間形成の道理から、教化・思想・社会実践から、政治を変えようとしてきたのである。（『杜維明文集』第二巻「現代精神与儒家伝統」五九八～五九九頁、北京三聯書店、一九九七年）

これが彼の見解による儒教の本質である。ここでは具体的な礼教制度や社会組織はまったく問題になっていない。孔子・孟子といった原始儒家が偉大なのは、彼らが君主に政治の要諦を説いて礼教社会を築きあげたからではなく、彼らが一人の人間として内面を磨き、教育を通じて社会変革を企てたからである。これはもちろん「修己」重視という宋明理学の伝統を踏まえたものではあるが、同時にキリスト教、それも宗教改革以後の、儀礼よりも個人の内面の信仰を第一義に説くキリスト教の枠組みと適合的な儒教理解である。高杉晋作がプロテスタントの教義内容を知った時に「これは陽明学だ」と言ったことが思いあわされる。「内聖外王」、すなわち聖人＝人格者が王＝為政者となることをもって儒教の本質とする議論は、彼自身それに属するとされる現代新儒家の特徴である。

一九一〇年代後半の五四《ごし》新文化《しんぶんか》運動において、儒教は旧体制を代表するものとして打倒の対象となり、多くの批判的論調が展開された。この運動の意義を高く評価する中国共産党が提示する歴史観でも、儒教思想は封建道徳であるから、革命における主要打倒目標であり、過去に葬り去るべき存在であった。そのため、かつては近現代思想史において、儒教が積極的に語られることすらなかった。

しかしながら、五四新文化運動のあとも、儒教を信奉する人々がいた。それも守旧派として単に旧来の教義を墨守するのではなく、西洋文明との邂逅《かいこう》を正面から受け止めたうえで、儒教の現代的存在意義を主張する立場の論者が登場する。現代新儒家と呼ばれる人々である。

その創始者とされる梁漱溟《りょうそうめい》は、五四新文化運動の衝撃を経て、中国文化の独自性と価値に対する思索を深めていく。はじめはベルグソンの生命哲学に惹かれ、また、新しく大学に設けられたインド哲学を教えるため仏教を講じたが、のちには陽明学を中心とする儒教思想に思索の重心を移した。郷約の理念の流れを汲んで郷村自治運動を興し、実践家としても活躍した。人民共和国成立後も大陸に残り、毛沢東との間に軋轢《あつれき》を生じて弾圧を被ったりしながらも、信念を貫いた。一九九〇年代になって、中国大陸において再評価の動きが起こる。

熊十力《ゆうじゅうりき》にも仏教の影響が強いが、孔子の仁、陸九淵の心、王守仁の良知を本体とする体用論を説いた。彼は『荘子』の「内聖外王」という句によって体用論を説明し、哲学によって体を明らかにして民主と科学という用を実現することに現在の中国が直面する課題があると説く。哲学は〈教〉、民主は〈政〉であり、この両者は表裏一体であるべきだという政教一致論である。

賀麟《がりん》も、ヘーゲルの唯心論哲学を利用して体用論を説く。すなわち、ヘーゲルの言う絶対精神とは、孔子の仁、朱熹の太極、陸九淵の心、王守仁の良知のことであるとして、みずから〈新心学〉と称する哲学体系を構築した。

馮友蘭《ふうゆうらん》は、アリストテレス哲学に基づいて朱子学を継承し、〈新理学〉を名乗った。政治的激動の波に揉まれながらも北京大学教授の地位を保ちつづけ、大陸の学界に大きな影響力を持っている。

以上の人々が一九四九年以降も大陸に留まったのに対し、共産党政権を嫌って台湾・香港に逃れた新儒家もいる。

牟宗三《ぼうそうさん》は熊十力の体用論を発展させ、カント哲学をこれと結合させて独自の道徳形而上学を構築した。彼も内聖外王を強調し、道統・政統に加えて学統も一体であることを説いた。儒教史の流れとしては、孔子・孟子の教説は、周敦頤・程顥・張載・胡宏・陸九淵・王守仁・王畿・劉宗周・熊十力に継承されたとする独特の道統論を展開した。

唐君毅《とうくんき》もカントやヘーゲルのドイツ観念論に大きな影響を受け、その視点から儒教の教説を整理した。陽明学の万物一体の仁を高く評価し、あえて唯心主義を前面に据えて、大陸の社会主義的哲学史に対抗した。

この唐君毅を事実上の執筆者とし、牟宗三・徐復観《じょふくかん》・張君勱《ちょうくんばい》との連名で発表されたのが、一九五八年元日の「為中国文化敬告世界人士宣言（中国文化の為《ため》に敬《つつし》んで世界の人士に告ぐる宣言）」で、正統が自分たちの側にあることを述べた宣伝文である。ここでは彼ら現代新儒家が、中国文明の継承者として民主主義のために発言し、共産党という専制政府の非道ぶりを世界中の中国同胞に向かって訴えかけるという構図を取っている。そこでは、「心性の学こそが中国学術思想の核心である」ことが謳われている。

2 論争

彼ら新儒家が、みな朱子学か陽明学をもって儒教の正統思想とみなし、みずからをその後継者、現代社会に適応する儒教思想の再建者と位置づけていることに注意したい。現代新儒家の所説については、これらを哲学の一流派として〈学〉と捉えてはならず、〈教〉とみなすべきであるという指摘が、アメリカで活躍してきた余英時《よえいじ》（Ying-shih Yü）教授によってなされている。彼は、新儒家の道統論について次のような批評をしている。

熊十力から始まって、新儒家はみな強烈な道統意識を持っているけれども、彼らの道統再建の方法は宋明以来の一般的な道筋とは異なっている。彼らは道を伝えた系譜を重んじないし、「伝心」についても語らない。「心性」の理解と体得だけによって歴史上の儒者が「道体」をつかんでいたかどうかを判断する。この点で、彼らはたしかに陸・王の風格とかなり近い。新儒家第一世代と第二世代の人々は、「心」「性」「道体」についてのしっかりした内容定義やこの三者の関係には一致した結論を得ておらず、彼らの道統系譜はこれにより厳しかったり緩かったりして同じではない。しかし、厳か寛かにかかわらず、大概は「孟子以降道統は中断し、北宋にいたってはじめて痕跡をたどる人が現れた。明末以来、道統はまた三百年間にわたって中断し、新儒家の登場にいたってふたたび確立した」と主張している。（余英時『猶記風吹水上鱗——銭穆與現代中国学術』七〇頁、三民書局、一九九一年）

この文章は台湾の学界で大きな反響を巻き起こした。余英時の師は銭穆《せんぼく》である。銭は普通は新儒家の一人に数えられるのだが、銭穆は唐君毅や牟宗三とは一線を画しており、それゆえ上記「宣言」にも署名しなかったのだと彼は論じる。

彼は台湾の学界で活躍する牟宗三の弟子たちから集中砲火を浴びた。特に、上の道統についての議論や、「彼ら（新儒家）は中国文化の有形の現実はまったく肯定するところがなく、単に無形の精神を肯定しているにすぎない」（同書、七九頁）といった批評に対しては、感情的ともいえる激しい反論がなされた。しかし、それらの反論も、結局は彼が指摘している事実を否定しきれてはいないように見受けられる。

牟宗三の学系を継ぐ学者たちは、師説の枠組みを自明の真理として議論の大前提にしており、余英時が剔抉《てっけつ》しているのがまさにその部分だということに気づいていないのか、あるいは気づいたうえでそれへの言及を避けているかして、問題を根本的に再検討しようとはしていないのである。言い換えれば、余英時の指摘は道統論の枠の外からその虚妄性を突くものであるのに、反論する側は道統が思想的真実であるという自分たちの理論に固執している。

上の引用で、「明末以来、道統はまた三百年間にわたって中断し」たとあるのは、重要である。第13章で述べたように、ここに新儒家が〈宋学〉の後継者であることが如実に示されている。たとえば、これは台湾の別の研究者による指摘(林慶彰「当代新儒家的《周礼》研究及其時代意義」、劉述先主編『当代儒学論集——挑戦與回応』、中央研究院、一九九五年)であるが、熊十力は『周礼』が孔子の著作であるという新説を提起しているけれども、それは何らかの証拠に基づいた主張ではなく、彼の直観と証悟によるものにすぎないという。その手法は、いわゆる〈宋学〉における経書の語られ方と同じであり、考証学的ではないというのである。したがって、実証史学の手法で反論しても、それは最初から熊十力に受け入れられる可能性のない反論なのであった。学知のあり方の根底的な相違、それは熊十力が〈宋学〉の後継者であることを示している。

ただ、こうした形の〈宋学〉とは、宋代から明代にかけての学術の実像なのではなく、清代になってから、〈漢学〉と自称する考証学者たちによって内容規定が施され、また、そう批判された側もその規定を受け容れたうえで論戦に応じた、新しく作られたものとしての〈宋学〉であった。現代新儒家が清朝考証学に批判的であり、また、実証史学にも冷淡なのは、こうしたところに由来している。余英時が銭穆譲りの実証的手法で新儒家の歴史的相対性を暴いて見せても、それは当事者たちにとっては本質的問題ではないのであろう。牟宗三の門下生による次のような反論は、両者の論法のずれを如実に示している。

孟子・陸・王を正統として奉じているから心体が実在であり、生命活動の本体であることを肯定しているというわけではない。……現代新儒家が孟子・陸・王を正統として奉じて正統だとしているのは、孟子・陸・王の学説理論が理にかなっており、孟子の義と利との区別や仁義が人に内在するという説や性善説が、道徳の意義をもっともよく説明できているからなのである。（楊祖漢「論余英時対新儒家的批評」、『儒学與当今世界』一五七頁、文津出版社、一九九四年）

3 儒教の未来とは

現代新儒家が儒教の現代的意義を主張する場合に特徴的なことは、彼らがみな民主主義者だということである。その点で、王朝体制の護持を信条とした旧来の儒者たちとは大きく異なっている。また、近代国民国家の国教とすべく、新しい儒教として〈孔教〉を提唱した康有為《こうゆうい》とも相違している。新儒家の所説によれば、孔子・孟子が説いていた「本来の儒家思想」は西洋の民主主義と軌を一にするものであった。彼らがそう論じることができるのは、第13章「経学史のなかで」で指摘したように、清代における〈漢学〉と〈宋学〉の論争の結果、具体的な礼教制度を顧慮せずに「心性の学」について語ることができるようになっていたからである。あるいは、もしかすると、明治時代の日本において造形された陽明学の像が影響しているかもしれない。五四新文化運動で魯迅たちが激しく批判した「人を食う礼教」は、新儒家の説く本来の儒家思想とは別のものとして語りうる状況が生じていたのである。

梁漱溟が推進した郷村建設運動は、中国古来の郷約の系譜を引いている。ただし、かつての郷約が三綱（君臣・父子・夫婦）の上下関係は人間性（朱子学・陽明学でいう〈性〉）に根ざすものだとし、本来そうあるべき正しい秩序を維持するために実践されていたのとは趣きを異にして、互恵・平等の側面に主眼を置いていた。日本の白樺派による「新しき村」に刺激されたとも言われる所以である。そこでは一種の換骨奪胎がなされている。

牟宗三や唐君毅にいたっては、西洋近代思想で言うところの人間性、すなわち自由で平等な関係を本来のものとするあり方を認めたうえで、孔子・孟子の教えがそれに沿うものであったことを力説している。彼らが儒教哲学を整理・提示するにあたって参照枠組みとしたのが、カントやヘーゲルのドイツ観念論であったことは、これに大きく作用しているだろう。いわば、西洋近代哲学の流儀によって語られる孔子・孟子がそこにいる。杜維明の場合にも、五倫五常を西洋思想に対応させ、アメリカ人に向けて宣教している。キリスト教プロテスタント主義の儒教がそこにある。

しかし、彼らも歴史上儒教が果たしてきた役割を知らないわけではない。漢代以降、儒教が体制教学として作用してきたことに対する説明が必要とされる。その際に使われるのが、「漢代以降の文化伝統としての儒教は、本来の儒家思想とは別のもの」という論理であった。「心性の学」は具体的形象をともなわないで、まさに観念として語られることによって、王朝体制に奉仕した事実から免罪されているのである。

牟宗三が朱熹を彼の道統のなかに入れないのも、この問題と関係があろう。体制教学であった朱子学は、彼が構想する孔孟本来の儒家思想にはそぐわないと認識されたのだ。新儒家のなかには、大陸の馮友蘭のように朱子学に親近感を懐いた学者もいるし、(普通は新新儒家とされる）銭穆も朱子学を尊重していた。この二人が牟宗三とそりが合わないのは、彼ら自身の学説内容もさることながら、この朱熹評価の差異、それに第3章「朱子と王陽明の生涯」で指摘した、両陣営の学者の個性の差といったところに理由の根源がありそうである。

要するに、新儒家が〈宋学〉の継承者として振る舞っているのは、清代以来の〈漢学〉と〈宋学〉の二項対立に由来するものだし、新儒家のなかに陽明学びいきが多いのは、明代以来の程朱性理学と陸王心学との二項対立に淵源があると言ってよかろう。彼らは西洋一辺倒の政治学者・人文学者たちに異を唱え、中国の文化的伝統の上澄みを再評価することで、漢民族のナショナリズムに応えているのである。そのため、その言説は当局者によって政治的に利用されやすい。同じように、韓国でも、

2011年、中国天安門広場の孔子像
（Photo © Imaginechina/PANA）

現代新儒家と称される流派が開発独裁政権の御用学問として機能していた時期があった。

では日本はどうか。日本でも自由と民主主義を党是とする保守政党の領袖たちの指南役として、彼らに帝王学・宰相学を説いた陽明学者がいた。安岡正篤《やすおかまさひろ》である。彼の書物は今だに広く読まれている。一方、大学アカデミズムのなかで陽明学をみずからの実践哲学としている研究者も少なくない。ただ、朱子学の再興を表立って標榜している学者はほとんどいない。研究対象としては陽明学と並んで、あるいはそれ以上に盛んであるにもかかわらずである。ここに、第1章や第5章で指摘した、明治以降の朱子学・陽明学それぞれに対するイメージの相違が見て取れる。現代社会にあって存在意義を大手を振って主張できるのは、陽明学のほうなのである。

しかしながら、こうしたイメージが朱子学・陽明学の元来の姿とは違うものであることは、第6章以降縷々述べてきたとおりである。本書がめざしたのは、巷間に流布している通説的な理解を再吟味し、読者に別の視角を提供することであった。ここで再び『広辞苑』の定義を思い出していただきたい。そこで述べられていた内容は、西洋近代思想を受容した人々の思惟にとって関心が持たれた〈朱子学〉であり〈陽明学〉だった。それは中国近世において機能していた朱子学・陽明学の、部分的な側面にすぎない。

とはいえ、私も個人的には思想・信条の自由を尊重する〈近代人〉である。あるいは、大文字の正義を声高に唱えることをはばかる東アジア多神教文化圏の住人である。この世に唯一絶対に正しい教説が存在するとは思っていない。本書を通読された読者が、さて、では朱子学・陽明学を、ひいては東アジアの伝統思想を、どのように自分の問題として受け止めるかは、読者自身の判断に委ねるべきだと思っている。第14章で述べたとおり、文明史的な大転換の只中にいるわれわれにとって、東アジアの思想的遺産はどう活かされうるのだろうか。

ほんとうの思索はここから始まる。

〈完〉

文庫版あとがき

本書は二〇〇四年度から四年間、放送大学（ラジオ）の教材として使うために執筆したものの復刊である。放送大学の講義は各回四五分、途中に中国音楽のＣＤをかける息抜きの時間をはさみながら、計一五回の形で放送した。幸い多くの受講者を得て、のちに別件の講演に招かれた折など、講演終了後に「放送大学の授業を聴講していました」と語りかけてくるかたにしばしば巡り会えた。普段、大学で学生の顔を見ながら講義するのとは違って、受講生とは答案の採点を通じてしか接触する機会がなかったから、そうして呼びかけられるのは嬉しいものである。

本書は、放送大学の授業が閉じられてから五年間、増し刷りされることもなくなり、新刊書籍の棚から姿を消していた。わがやの女性無休私設秘書がときどきインターネットで調査してくれたところによれば、古本としてかなりな価格がついていたそうである。さる出版社からは、同じような趣旨で中味を書き改めたものを新刊として出版したいという提案も受けていたが、私がそのまま放置して今に至っている。

そうしたところに、つい最近、ちくま学芸文庫の増田健史さんから文庫化の提案をもらい、即決で承知した。この一〇年間で私の見解が一部変化したところもあるのだけれど、それにいちいち手を入れていてはまた歳月を経てしまいそうだったので、いくつか表記を修正したほかは原版のままである。校正作業であらためて読み直してみると、独断的な記述にわれながら「ほんと?」と突っ込みを入れたくなる箇所が多々あるが、往時の「いきおい」がそうさせたものとして、そのままにした。

ここで一つ、ぜひとも申し述べておかねばならないことがある。第1章冒頭で槍玉にあげた『広辞苑』のことだ。まさか本書であのように批判したからではあるまいが、第五版から第六版への改訂作業に際して、これら三項目（朱子学・陽明学・宋学）はいずれも私のところに校閲担当がまわってきた。そこで、本書で宣言したとおりの内容に書きあらためた次第である。ところが、こうして改訂が成った第六版を読み返してみると、（私自身が修正に携わっておきながらこう言うのは恐縮だが）文章の流れがごたごたしていて、意味が通じにくい。第五版のほうが、内容的には物足りないものの、辞書の説明としてはすっきりと要領を得ている。岩波書店ならびに第六版の編集担当や読者のかたがたに、この場を借りてお詫びしたい。

一〇年前の本書原版の編集作業は、放送大学教育振興会の担当者が精力的にこなしてくれた。同じプロ野球チームのファンということもあって、校正受け渡しの折などに、「百薬の長」を一緒に口にしたりもした。ただ、一つだけ、私の配慮不足から、会話のなかで彼を不快にさせてしまったことがある。本書の内容から展開して日本仏教の話題になり、彼が篤く信仰している宗派の開祖について、「本当はそうではないらしいですよ」と失言してしまったのだ。私としては「学術的にはこう言われている」というだけのつもりだったが、信者にとっては侮辱と感じられたのだろう、彼の顔がこわばったのを今もよく覚えている。その後、別の宗教信者のかたを主賓に招いた慰労会でも、これと同じ失敗をしてしまった。宗教上信じられていることと、学術的な結論とは、しばしば相反する。本書は学術的に近世儒教の実像を描いたものなので、これらの教説を自身の生きる糧としている人たちにとっては「許されざる記述」が多々あろう。

特に、日本には陽明学ファンが少なくない。期待をもって手に取った読者のなかには、右の失敗談と同様、通読して不快感を懐いたかたがいるかもしれない。私に陽明学を侮蔑する気持ちはない。歴史的に陽明学がどうであったかを学術的に語ることと、陽明学の教説を信奉することとは別だと思うからだ。しかし、近年このての区別を認めない風潮が強くなっているように感じられるのが不安である。

そのことと関連して、中国の経済成長と政治大国化は、国際社会での日本の相対的な地位を低め、それが一因となって「嫌中」意識が蔓延している。かつて、二〇世紀前半に流行した、「われわれ日本人のほうが道徳的に優れている」というたぐいの言説が、今また幅を利かせつつある。それに真っ向から学術的に反論すると、「非国民」呼ばわりされかねない状況である（私自身、テレビ番組での発言を即刻叩かれた）。

こうした状況のもと、一〇年前に比べてもいっそう、本文末尾で提起した問いは有効であると思う。教えられたこと、耳にしたことを、そのまま鵜呑みにすることなく、直面する諸問題にひとりひとりがきちんと「道問学」したうえで、みずからの「良知」に従って行動すること。それが私の希望である。

朱熹や王守仁が提示した問題は、今も私たち自身の問題でありつづけている。

小島　毅

「皇紀」二千六百七十三年夏至　加賀藩江戸屋敷跡地にて

【付録】主要人物解説

◆中国

韓愈（かん・ゆ）七六八―八二四

字《あざな》は退之《たいし》、諡《おくりな》は文《ぶん》、官職や封地によって吏《り》部《ぶ》・昌黎《しょうれい》などと呼ばれる。鄧州南陽県《とうしゅうなんようけん》（河南省）の人。苦労した末、科挙官僚として任官。仏教排斥による儒教の純粋化を唱えて波紋を呼ぶ。何百年来使われてきた文体を批判して古文復興運動を展開、唐宋八大家の一人とされる。

范仲淹（はん・ちゅうえん）九八九―一〇五二

字は希文《きぶん》、諡は文正《ぶんせい》。蘇《そ》州呉《ご》県（江蘇省）の人。生後間もなく父親と死別し、しばらく母の再婚先の姓を名乗っていたが、のちに范氏に戻った。科挙官僚としてのエリートコースを歩み、改革派の領袖として宰相呂夷《りょい》簡《かん》らと衝突。西夏《せいか》との交渉に成果をあげて参知《さんち》政《せい》事《じ》に昇進し、いわゆる慶暦《けいれき》の治を担う。一族のために設けた范氏《はんし》義《ぎ》荘《そう》は、後世の宗族《そうぞく》結合の模範とされた。

欧陽脩（おうよう・しゅう）一〇〇七—一〇七二

字は永叔《えいしゅく》、諡は文忠《ぶんちゅう》。吉《きっ》州廬陵《ろりょう》（江西省）の人。彼も幼くして父と死別し、母親から学問の手ほどきを受ける。科挙官僚として参知政事まで勤めあげたほか、古文運動の領導、経書の文献批判、金石《きんせき》学の創立、史学思想の転換など、多方面にわたって新興士大夫の思想文化を代表する。一族のための族譜《ぞくふ》を編纂し、宗族形成の潮流にも一役買っている。

司馬光（しば・こう）一〇一九—一〇八六

字は君実《くんじつ》、諡は文正《ぶんせい》、涑水《そくすい》先生、封地によって温公《おんこう》とも呼ばれる。陝《せん》州夏《か》県（山西省）の人。名門出身の新進官僚として活躍、英宗の時の濮議《ぼくぎ》では欧陽脩ら政府当局者と対立した。神宗時代には王安石に反対して事実上引退し、洛陽《らくよう》にあって『資治通鑑《しじつがん》』編纂に専念。哲宗が即位し、旧法党の領袖として召されて宰相となるも、数箇月後に死去。

張載（ちょう・さい）一〇二〇—一〇七七

字は子厚《しこう》、横渠《おうきょ》先生と呼ばれる。鳳翔府郿県《ほうしょうふび》（陝西省）の人。科挙官僚であったが、王安石新法に反対して引退した。礼学に造詣が深く、王安石とは別様の、宗族に基盤を置いた秩序構想を提唱し、『礼記《らいき》』中庸篇と『易《えき》』を中核に据える宇宙論にもとづいた政治思想・倫理思想を確立。二程とは親戚で、学術的交流もあった。出身地にちなみ、〈関学《かんがく》〉の祖とされる。

王安石（おう・あんせき）一〇二一—一〇八六

字は介甫《かいほ》、号は半山《はんざん》、諡は文《ぶん》、封地によって荆公《けいこう》とも呼ばれる。撫《ぶ》州臨川《りんせん》県（江西省）の人。地方官を歴任したのち、神宗に召されて改革政治を指導、宰相となる。経学上、新たな注釈書を著し、その門流は北宋末期の学界を席巻した。仏教や老荘思想にすぐれた理解力を示す。北宋最大の思想家といって過言ではない。文章にも秀で、唐宋八大家に選ばれている。

程顥（てい・こう）一〇三二―一〇八五

字は伯淳《はくじゅん》、明道《めいどう》先生と呼ばれる。河南《かなん》府洛陽県（河南省）の人。少年時代に父の指示で弟頤《い》とともに周敦頤から学問の手ほどきを受ける。欧陽脩が試験官の時に進士となり、少壮官僚として活躍、王安石の改革にも最初は協力する。のち父や弟とともに洛陽にこもり、司馬光・張載・邵雍らと交流。天と理を結びつけて森羅万象の根源とし、万物一体の仁による融合を説いた。

程頤（てい・い）一〇三三―一一〇七

字は正叔《せいしゆく》、伊川《いせん》先生と呼ばれる。顥《こう》の弟。成人してから太学《たいがく》で胡瑗《こえん》に師事、「顔子好学論」で師を驚かせる。哲宗時代前半の旧法党政権で皇帝の侍講となり、蘇軾と人間的に仲違いして派閥争いを引き起こす。理一分殊を説き、『礼記』の大学・中庸両篇を顕彰、特に前者についてはテキスト配列を改めるなど、朱熹の先鞭をつけた。多くの門人を擁し、学派としての道学を形成した。

蘇軾（そ・しょく）一〇三六—一一〇一
字は子瞻《しせん》、号は東坡《とうば》、諡は文忠《ぶんちゅう》。眉《び》州眉山《びざん》県（四川省）の人。父の蘇洵《そじゅん》、弟の蘇轍《そてつ》とともに三蘇と呼ばれ、いずれも唐宋八大家に選ばれる文章の名手である。新法党から睨まれてたびたび左遷の憂き目に遭い、最後は帰京の途次に没する。詩文や詞のみならず書画にもすぐれ、欧陽脩の後継者として士大夫文化の象徴的存在であった。経学上も重要な役割を果たす。

大慧宗杲（だいえそうこう）一〇八九—一一六三
禅僧。宣《せん》州寧国《ねいこく》県の人（安徽省）。臨済宗楊岐《ようぎ》派の圜悟克勤《えんごこくごん》のもとで修行を積み、その後継者となる。臨安（今の浙江省杭州）の径山《きんざん》にあって、曹洞宗の修行方法を批判し、先人たちが残したことばを手がかりとする看話《かんな》禅（公案《こうあん》禅）を説いて、士大夫たちに多大な影響を及ぼした。

張栻（ちょう・しょく）一一三三—一一八〇
字は敬夫《けいふ》・欽夫《きんふ》、号は南軒《なんけん》。漢《かん》州綿竹《めんちく》県（四川省）の人。初期南宋政権の宰相張浚《ちょうしゅん》の子。胡宏の教えを受けてその湖南学を継承、友人として朱熹の思想形成に影響を与えるとともに、自説もそれにともない変化した。『論語』『孟子』『易』などの注解がある。

呂祖謙（りょ・そけん）一一三七—一一八一
字は伯恭《はくきょう》、東莱《とうらい》先生と呼ばれる。呂夷簡《りよいかん》以来代々高官を輩出してきた名門呂氏の出身。

南宋になって一族は婺《ぶ》州金華《きんか》県（浙江省）に移住。経学・史学に造詣が深く、また文章にも秀でていて科挙受験生の学ぶところとなった。朱熹と共同で『近思録』を編纂、鵝湖《がこ》において朱熹と陸九淵兄弟を引きあわせるなど、人脈のかなめとして道学の展開に貢献した。

陸九淵（りく・きゅうえん）一一三九―一一九二

字は子静《しせい》、号は象山《しょうざん》。撫《ぶ》州金渓《きんけい》県（江西省）の人。兄九韶《きゅうしょう》・九齢《きゅうれい》も思想家として高名。修養論や周敦頤評価をめぐって朱熹と論争。経学上の独立した著作はなく、『孟子』にもとづいた〈心〉の教説を展開したため、後世、陽明学の源流とみなされるようになる。

陳亮（ちん・りょう）一一四三―一一九四

字は同甫《どうほ》、龍川《りゅうせん》先生と呼ばれる。婺《ぶ》州永康《えいこう》県（浙江省）の人。金との和議に反対し、前線である南京への遷都による攻勢を主張した。漢代以降の政治・人物にも評価すべきものがあるとして、朱熹と義利王覇論争を展開、功利の学と批評される。

白玉蟾（はく・ぎょくせん）一一九四―一二二九（？）

道士。本名は葛長庚《かつちょうこう》、字は如晦《じょかい》・白叟、号は海瓊子《かいけいし》。瓊《けい》州（海南省）の人。一説に福州閩清《びんせい》県（福建省）の人。福建北部の武夷などで教えたらしいが、正確な伝記は不明。内丹《ないたん》道（身体技法により仙人になろうとする修養法）の系譜を引き、その教説を宣伝するために多くの著作を残す。

呉澄（ご・ちょう）一二四九―一三三三

字は幼正《ようせい》、号は草廬《そうろ》。撫《ぶ》州崇仁《すうじん》県（江西省）の人。はじめ南宋に仕官すべく学業に励んだが、元朝治下では隠居講学した。のち召されて出仕し、翰林学士《かんりんがくし》となる。朱熹のあとの道統の継承者になろうという意識を強く持ち、その教説に陸九淵の心学を融合させた。多くの経書に注解を残す。学風の異なる許衡《きょこう》とならんで元代を代表する儒者と評価されている。

方孝孺（ほう・こうじゅ）一三五七―一四〇二

字は希直《きちょく》、号は遜志《そんし》、正学《せいがく》先生と呼ばれる。台州府寧海《ねいかい》県（浙江省）の人。宋濂《そうれん》に学んで金華学派の学術を継承。建文帝に仕えてその政策顧問となる。修己治人の理念にもとづくとともに、『周礼』を範とする制度改編にも意欲的であった。靖難《せいなん》の役《えき》で建文帝が敗れると永楽帝を名分論の立場から面罵、一族・門人皆殺しに遭う。のち名誉を回復し、明初を代表する朱子学者と評価される。

薛瑄（せつ・せん）一三八九―一四六四

字は徳温《とくおん》、号は敬軒《けいけん》、諡は文正《ぶんせい》。平陽《へいよう》府河津《かしん》県（山西省）の人。進士となって官界で活躍、翰林学士にいたる。居敬による実践を重視し、理と気を融合させる教説を唱えた。『読書録』を著すが、経書注解はない。北方儒学の中心的存在で、河東《かとう》学派の開祖とされる。

丘濬（きゅう・しゅん）一四一九―一四九五

字は仲深《ちゅうしん》、号は瓊山《けいざん》。瓊州府瓊山県（今の海南省）の人。進士となり、順調に昇進、文《ぶん》淵閣《えんかく》大学士にいたる。真徳秀『大学衍義』の書名と構成を借りて、数十年にわたる労作『大学衍義補《だいがくえんぎほ》』を皇帝に進呈、治国平天下の具体的政策を古今の事跡に照らして説いた。『朱子学的』『家礼儀節』など、朱子学の補強と普及をめざす執筆活動を展開した。他に歴史認識を述べた『世史正綱《せしせいこう》』がある。

陳献章（ちん・けんしょう）一四二八—一五〇〇
字は公甫《こうほ》、白沙《はくさ》先生と呼ばれる。広州《こうしゅう》府新会《しんかい》県（広東省）の人。呉与弼《ごよひつ》に学ぶ。進士合格を断念し、故郷で講学。当時の気風を受けて〈心〉の主体性を強調し、朱子学の枠外に飛び出す思考を繰り広げた。

湛若水（たん・じゃくすい）一四六六—一五六〇
字は元明《げんめい》、甘泉《かんせん》先生と呼ばれる。広州府増城《ぞうじょう》県（広東省）の人。陳献章に学び、師説を発展させて天理を体認することの重要性を説いた。王守仁と親しく、江南に陽明学と並ぶ思想流派を打ち立てる。

林兆恩（りん・ちょうおん）一五一七—一五九八
字は懋勛《ぼうくん》、号は龍江《りゅうこう》。興化《こうか》府莆田《ほでん》県（福建省）の人。儒仏道の三教は内容的に一致すると説き、宗教結社としての三一教を創始した。道教内丹思想の身体観にもとづきながら朱子学的倫理修養を取り入れるなどの工夫が見られる。教団は民間団体として公益事業をになうなど、当時の社会思潮を反映している。

李贄（り・し）一五二七―一六〇二

字は宏甫《こうほ》、号は卓吾《たくご》。泉州府《せんしゅう》晋江県《しんこう》（福建省）の人。ムスリムの家系出身。官僚生活から退任したのち、著述家・講学者として活躍。儒仏道三教のどれにも囚われない独創的で自由な発想をするため、礼教秩序を批判する危険人物として投獄され、獄中にて自刃。

黄宗羲（こう・そうぎ）一六一〇―一六九五

字は太沖《たいちゅう》、号は梨洲《りしゅう》・南雷《なんらい》。王守仁と同郷の紹興府余姚県（浙江省）出身。父黄尊素《こうそんそ》は東林党の一員として刑死。東林の系譜を引く復社に参加。明滅亡後は清への抵抗運動で活躍。陽明学正統の後継者として宋から明の儒教思潮を総括したほか、顧炎武《こえんぶ》と並んで経学・史学の新方法を開拓、清朝学術の開祖とされる。君主専制政治批判の論文も有名。

顧炎武（こ・えんぶ）一六一三―一六八二

字は寧人《ねいじん》、号は亭林《ていりん》。蘇州府《そしゅう》崑山県《こんざん》（江蘇省）の人。復社《ふくしゃ》に参加して社会改革に志すが、明が滅亡してからは反清闘争に加わり当局者から追われる身となる。のち赦され明史編纂に召されるが固辞して遺臣の立場を貫いた。古今の制度沿革に造詣が深く、その知見は『日知《にっち》録《ろく》』に結実している。また、音韻《おんいん》学にも新局面を開き、考証学の開祖とされる。

王夫之（おう・ふうし）一六一九―一六九二

字は而農《じのう》、船山《せんざん》先生と呼ばれる。衡州府《こうしゅう》衡陽県《こうよう》（湖南省）の人。明の滅亡後、反清軍事闘争に参加。大勢が決すると隠居して著作活動に専念した。経学・史学のほか老荘思想にもわたる多方面の研究を手がける。特に『読四書大全説《どくししよたいぜんせつ》』では宋明の注釈を批判、『張子《ちようし》正蒙注《せいもうちゆう》』で張載の宇宙論を顕彰した。近代になって毛沢東ら多くの革命思想家に影響を与える。

恵棟（けい・とう）一六九七―一七五八
字は定宇《ていう》・松崖《しようがい》。蘇州府呉《ご》県（江蘇省）の人。紅豆《こうとう》先生こと恵士奇《けいしき》の子なので小紅豆先生と呼ばれる。祖父恵周惕《けいしゆうてき》以来の考証学者の家柄。若いころから幅広い分野の書籍を学んだが、五〇歳を過ぎてから特に『易』を検討した。王弼《おうひつ》以後のいわゆる義理易をしりぞけ、それ以前の漢代象数《しようすう》易の復元を志す。多くの門弟を育て、呉派の領袖とされる。

戴震（たい・しん）一七二三―一七七七
字は東原《とうげん》。徽州《きしゆう》府休寧《きゆうねい》県（安徽省）の人。一二月生まれなので西暦の生年は一七二四年とされることもある。江永《こうえい》に学び、その礼学・暦算学・音韻学を継承。銭大昕《せんたいきん》に認められ、四庫全書の編纂作業に参加。古典への「実事求是《じつじきゆうぜ》」主義と、西洋科学の導入を特徴とする。『孟子《もうし》字義《じぎ》疏証《そしよう》』では、朱子学の理気論・心性論には文献的根拠がないことを実証した。

◆朝鮮

李滉（り・こう）一五〇一―一五七〇
号は退渓《たいけい》。慶尚道礼安県《けいしょうどうれいあんけん》の人。官僚として出仕したが志を得ず、故郷に戻って陶山書院《とうざんしょいん》を作り、後進の育成にあたった。理と気との区別を厳密にして理を重視する学風を樹立し、人の性と情の問題で奇大升《きだいしょう》との間に四七理気論争を繰り広げた。「伝習録論弁」では陽明学を批判。その門流は嶺南《れいなん》学派と呼ばれる。

李珥（り・じ）一五三六―一五八四
号は栗谷《りつこく》。江原《こうげん》道江陵《こうりょう》県の人。李滉の所説を継承する成渾《せいこん》と四七理気論争を展開し、理とは気が発する所以であると説いた。政治にも関心を持ち、修己のみでなく治人の重要性を強調した。その門流は畿湖《きこ》学派と呼ばれる。

◆日本

山崎闇斎（やまざき・あんさい）一六一八―一六八二
名は嘉。土佐出身。はじめ禅寺で学んだが海南学派儒学の影響を受けて還俗。京に出て多数の門人を育てる。神道教義から引きだした〈つつしみ〉概念を朱子学の〈敬〉と融合させ、武士の忠誠観念を従来の個別的な情緒関係から、普遍的な道徳論に転換させた。彼自身は徳川将軍の統治を朝廷の権威により正当化したが、これがのちの尊皇思想の源流となる。

荻生徂徠（おぎゅう・そらい）　一六六六―一七二八

名は双松《なべまつ》。姓の物部にちなんで中国風に物茂卿《ぶつもけい》と称す。綱吉の侍医の子として江戸に生まれる。はじめ朱子学を信奉していたが、晩年は朱熹の思想を批判し、礼楽と文学を重視する独自の教説を樹立した。経書解釈には中国古代の言語に通暁する必要があるとして古文辞学を提唱、訓読ではなく唐音による読解を主張した。

参考文献

＊日本語で読めるものを中心とし、同一内容のものは現在入手しやすい版を示した

全体にかかわるもの

諸橋轍次『儒学の目的と宋儒の活動』（諸橋轍次著作集1　大修館書店　一九七五年）
島田虔次『中国における近代思惟の挫折』（全二巻、平凡社　二〇〇三年）
島田虔次『朱子学と陽明学』（岩波新書　一九六七年）
間野潜龍『朱子と王陽明』（清水新書　一九八四年）
楠本正継『宋明時代儒学思想の研究』（広池学園出版部　一九六二年）
山井湧『明清思想史の研究』（東京大学出版会　一九八〇年）
安田二郎『中国近世思想研究』（弘文堂　一九四八年）
湯浅幸孫『中国倫理思想の研究』（同朋舎　一九八一年）
溝口雄三『中国前近代思想の屈折と展開』（東京大学出版会　一九八〇年）
溝口雄三・伊東貴之・村田雄二郎『中国という視座』（平凡社　一九九五年）
溝口雄三『中国の思想』（放送大学教育振興会　一九九一年）
戸川芳郎・蜂屋邦夫・溝口雄三『儒教史』（山川出版社　一九八七年）
溝口雄三・丸山松幸・池田知久（編）『中国思想文化事典』（東京大学出版会　二〇〇一年）
小島毅『中国近世における礼の言説』（東京大学出版会　一九九六年）

小島毅『宋学の形成と展開』（創文社　一九九九年）
『朱子学大系』（全十四巻、明徳出版社　一九七四〜七八年）
『陽明学大系』（全十二巻、明徳出版社　一九七一〜七四年）

第1章

宇野哲人『中国思想』（講談社学術文庫　一九八〇年）
内村鑑三（鈴木範久訳）『代表的日本人』（岩波文庫　一九九五年）
新渡戸稲造（矢内原忠雄訳）『武士道』（岩波文庫　一九三八年）
高瀬武次郎『日本之陽明学』（鉄華書院　一八九八年）
井上哲次郎『日本陽明学派之哲学』（冨山房　一九〇〇年）
井上哲次郎『日本古学派之哲学』（冨山房　一九〇二年）
井上哲次郎『日本朱子学派之哲学』（冨山房　一九〇六年）
吉田公平『日本における陽明学』（ぺりかん社　一九九九年）
狭間直樹（編）『共同研究　梁啓超』（みすず書房　一九九九年）
高橋亨「李朝儒学史に於ける主理派主気派の発達」（京城帝国大学法文学会『朝鮮支那文化の研究』　一九二九年）
三島由紀夫「革命の哲学としての陽明学」（三島由紀夫全集34　新潮社　一九七六年）
荻生茂博「日本における近代陽明学の成立」（『季刊日本思想史』59　二〇〇一年）

第2章

伊原弘・小島毅『知識人の諸相』（勉誠出版　二〇〇一年）
麓保孝『北宋における儒学の展開』（書籍文物流通会　一九六七年）
井上徹『中国の宗族と国家の礼制』（研文社　二〇〇〇年）
宮崎市定『科挙』（中公文庫　一九八四年）
村上哲見『科挙の話』（講談社学術文庫　二〇〇〇年）
平田茂樹『科挙と官僚制』（山川出版社　一九九七年）
何炳棣（寺田隆信・千種真一訳）『科挙と近世中国社会』（平凡社　一九九三年）
余英時（森紀子訳）『中国近世の宗教倫理と商人精神』（平凡社　一九九一年）
ベンジャミン・A・エルマン（秦玲子訳）「再生産装置としての明清期の科挙」（『思想』810　一九九一年）

第3章

荒木見悟・溝口雄三『朱子・王陽明』（中央公論社　一九七九年）
三浦国雄『朱子』（講談社　一九七九年）
大西晴隆『王陽明』（講談社　一九七九年）
佐藤仁『朱子』（集英社　一九八〇年）
山下龍二『王陽明』（集英社　一九八〇年）
衣川強『朱熹』（白帝社　一九九四年）

第4章

田中謙二『朱門弟子師事年攷』(田中謙二著作集3　汲古書院　二〇〇一年)
市来津由彦『朱熹門人集団形成の研究』(創文社　二〇〇二年)
嵇文甫『左派王学』(開明書店　一九三四年)

第5章

丸山真男『日本政治思想史研究』(東京大学出版会　一九五二年)
吉川幸次郎『仁斎・徂徠・宣長』(岩波書店　一九七五年)
和島芳男『日本宋学史の研究(増補版)』(吉川弘文館　一九八八年)
尾藤正英『日本封建思想史研究』(青木書店　一九六一年)
相良亨『日本の思想』(ぺりかん社　一九八九年)
下川玲子『北畠親房の儒学』(ぺりかん社　二〇〇一年)
阿部吉雄『日本朱子学と朝鮮』(東京大学出版会　一九六七年)
野口武彦『王道と革命の間』(筑摩書房　一九八六年)
渡辺浩『近世日本社会と宋学』(東京大学出版会　一九八五年)
黒住真『近世日本社会と儒教』(ぺりかん社　二〇〇三年)
前田勉『近世日本の儒学と兵学』(ぺりかん社　一九九六年)
辻本雅史『近世教育思想史の研究』(思文閣出版　一九九〇年)

子安宣邦『江戸思想史講義』（岩波書店　一九九八年）
町田三郎『明治の漢学者たち』（研文出版　一九九八年）
村山吉廣『漢学者はいかに生きたか』（大修館書店　一九九九年）
大橋健二『良心と至誠の精神史』（勉誠出版　一九九九年）
山下龍二『儒教と日本』（研文社　二〇〇一年）
中村春作『江戸儒教と近代の「知」』（ぺりかん社　二〇〇二年）

第6章～第9章

陳淳（佐藤仁訳）『朱子学の基本用語』（研文出版　一九九六年）
市川安司『程伊川哲学の研究』（東京大学出版会　一九六四年）
市川安司『朱子哲学論考』（汲古書院　一九八五年）
友枝龍太郎『朱子の思想形成』（春秋社　一九六九年）
山根三芳『朱子倫理思想研究』（東海大学出版会　一九八三年）
土田健次郎『道学の形成』（創文社　二〇〇二年）
木下鉄矢『朱熹再読』（研文出版　一九九九年）
岡田武彦『王陽明と明末の儒学』（明徳出版社　一九八六年）
山下龍二『陽明学の研究　成立篇』（現代情報社　一九七一年）
山下龍二『陽明学の研究　展開篇』（現代情報社　一九七一年）
荒木見悟『陽明学の位相』（研文出版　一九九二年）

荒木見悟『新版　仏教と儒教』（研文出版　一九九三年）
呉震「楊慈湖をめぐる陽明学の諸相」（『東方学』97　一九九九年）
高橋進『朱熹と王陽明』（国書刊行会　一九七七年）
松川健二『宋明の論語』（汲古書院　二〇〇〇年）
岩間一雄『中国政治思想史研究』（未來社、第二版　一九九〇年）
今井宇三郎『宋代易学の研究』（明治図書出版　一九五八年）

第10章

三浦国雄『気の中国文化』（創元社　一九九四年）
三浦国雄『朱子と気と身体』（平凡社　一九九七年）
山田慶児『朱子の自然学』（岩波書店　一九七七年）
山田慶児『授時暦の道』（みすず書房　一九八〇年）

第11章

宮崎市定『東洋的近世』（中公文庫　一九九九年）
宮崎市定『中国文明論集』（岩波文庫　一九九五年）
佐伯富『宋の新文化』（中公文庫　二〇〇〇年）
程元敏『三経新義輯考彙評』（全四冊、台北：国立編訳館　一九八六～八七年）
小島毅『中国思想と宗教の奔流』（講談社　二〇〇五年）

第12章

竹内照夫『四書五経入門』（平凡社　二〇〇〇年）
佐野公治『四書学史の研究』（創文社　一九八八年）
松川健二（編）『論語の思想史』（汲古書院　一九九四年）
宮崎市定「明代蘇松地方の士大夫と民衆」（宮崎市定全集13　岩波書店　一九九三年）

第13章

荒木見悟『陽明学の開展と仏教』（研文出版　一九八四年）
小林正美『中国の道教』（創文社　一九九八年）
増尾伸一郎・丸山宏（編）『道教の経典を読む』（大修館書店　二〇〇一年）
蜂屋邦夫『金代道教の研究』（汲古書院　一九九二年）
吾妻重二「太極図の形成」（『日本中国学会報』46　一九九四年）
三浦秀一『中国心学の稜線』（研文出版　二〇〇三年）

第14章

小川環樹『内藤湖南』（中央公論社　一九七一年）
内藤湖南『シナ近世史』（内藤湖南全集10　筑摩書房　一九六九年）
守本順一郎『東洋政治思想史研究』（未來社　一九六七年）

岸本美緒『東アジアの「近世」』(山川出版社　一九九八年)
姜在彦『朝鮮儒教の二千年』(朝日新聞社　二〇〇一年)
井上進『中国出版文化史』(名古屋大学出版会　二〇〇一年)
冨谷至『書記の文化史』(岩波書店　二〇〇三年)
源了圓『徳川合理思想の系譜』(中央公論社　一九七二年)
ヘルマン・オームス(黒住真ほか訳)『徳川イデオロギー』(ぺりかん社　一九九〇年)
尾藤正英『江戸時代とはなにか』(岩波書店　一九九二年)
朝尾直弘編『世界史のなかの近世』(中央公論社　一九九一年)
渡辺浩『東アジアの王権と思想』(東京大学出版会　一九九七年)

第15章

Wm・T・ドバリー(山口久和訳)『朱子学と自由の伝統』(平凡社　一九八七年)
中村俊也『新儒家論』(亜紀書房　一九九六年)
加地伸行『儒教とは何か』(中公新書　一九九〇年)
金谷治『中国思想を考える』(中公新書　一九九三年)
余英時『猶記風吹水上鱗』(台北：三民書局　一九九一年)
杜維明『儒家思想』(台北：東大図書公司　一九九七年)
Robert Neville, *Boston Confucianism*, New York: State University of New York Press, 2000.

1402	方孝孺刑死	
1405		鄭和の南海諸国歴訪
1415	『四書五経性理大全』成る	
1453		オスマン軍、コンスタンティノープルを攻略
1467		日本で応仁の乱始まる
1487	丘濬『大学衍義補』成る	
1508	王守仁、龍場で大悟する	
1517		ポルトガル人、広州に来航
〃		西欧で宗教改革始まる
1518	『伝習録』刊行（現在の上巻）	
1520	王守仁、致良知説を提唱する	
1527	四句教をめぐる天泉橋問答	
1531頃	黄佐『泰泉郷礼』成る	
1550頃	銭徳洪・王畿らの講学盛ん	
1582		マテオ＝リッチ、マカオに至る
〃		日本で本能寺の変
〃		カトリック諸国、グレゴリウス暦に改暦
1598	顧憲成、無善無悪論者と論争	
1600		日本で関ヶ原の合戦
1618		西欧で三十年戦争勃発
1644		清軍、北京入城
1676	黄宗羲『明儒学案』成る	
1683		清、台湾を領有
1720		日本で書籍輸入制限の緩和
1782	『四庫全書』成る	
1789		フランス革命
1790		日本で寛政異学の禁
1840		アヘン戦争
1868		日本で明治維新
1890		日本で教育勅語発布
1894		日清戦争
1904		日露戦争
1906	科挙廃止	
1910		韓国併合
1919	五四運動	
1931		満州事変
1949		中華人民共和国建国（国民政府、台湾に遷る）
1989		天安門事件、ベルリンの壁崩壊

朱子学・陽明学関係年表

小島毅著『宋学の形成と展開』所載のものを補訂して掲げる。

西暦（年）	中国の思想文化史的事件	内外の政治的事件
607	科挙制度始まる	
618		唐建国
622		アラビアでムハンマドの聖遷
640	『五経正義』成る	
755		安史の乱勃発
794		日本で平安遷都
800		西欧でカール大帝加冠
960		宋建国
1043	范仲淹による慶暦の改革	
1046	周敦頤、程氏兄弟に教える	
1069		王安石の新法開始
1075	王安石『周官新義』成る	
1084	司馬光『資治通鑑』成る	
1090頃	程頤と蘇軾が抗争	
1096		西欧で第一回十字軍
1102	新法党による道学派弾圧	
1127		靖康の変（北宋滅亡）
1173	朱熹『太極図説解』成る	
1175	朱熹・呂祖謙『近思録』成る	
1177	朱熹『論語孟子集注』成る	
1185		日本で壇ノ浦の合戦
1187	朱熹と陸九淵の無極太極論争	
1197	慶元党禁（朱子学弾圧される）	
1206		チンギス＝ハン即位
1217	『儀礼経伝通解』刊行	
1228頃	陳淳『北渓字義』刊行	
1241	王安石を孔子廟従祀からはずし、かわって周程張朱を従祀	
1276		元軍、臨安を攻略（南宋滅亡）
1334		日本で建武の新政
1368		明建国
1392		朝鮮王朝建国

梁漱溟（りょうそうめい）1893—1988
馮友蘭（ふうゆうらん）　1895—1990
銭穆（せんぼく）　1895—1990
安岡正篤（やすおかまさひろ）
1898—1983
賀麟（がりん）　1902—1992
徐復観（じょふくかん）　1903—1982
唐君毅（とうくんき）　1909—1978
牟宗三（ぼうそうさん）　1909—1995
丸山真男（まるやままさお）
1914—1996
島田虔次（しまだけんじ）1917—2000
守本順一郎（もりもとじゅんいちろう）
1922—1977
尾藤正英（びとうまさひで）　1923—
三島由紀夫（みしまゆきお）
1925—1970
余英時（よえいじ）　1930—
朝尾直弘（あさおなおひろ）　1931—
杜維明（といめい）　1940—

清康熙帝（しんこうきてい） 1654—1722
恵周惕（けいしゅうてき） ？—？
新井白石（あらいはくせき） 1657—1725
柳沢吉保（やなぎさわよしやす） 1658—1714
室鳩巣（むろきゅうそう）1658—1734
徳川家宣（とくがわいえのぶ） 1662—1712
荻生徂徠（おぎゅうそらい） 1666—1728
シドッチ 1668—1741
王懋竑（おうぼうこう） 1668—1741
恵士奇（けいしき） 1671—1741
江永（こうえい） 1681—1762
徳川吉宗（とくがわよしむね） 1684—1751
石田梅岩（いしだばいがん） 1685—1744
恵棟（けいとう） 1697—1758
清乾隆帝（しんけんりゅうてい） 1711—1799
戴震（たいしん） 1723—1777
カント 1724—1804
柴野栗山（しばのりつざん） 1736—1807
尾藤二洲（びとうじしゅう） 1745—1813
松平定信（まつだいらさだのぶ） 1758—1829
江藩（こうはん） 1761—1831
ヘーゲル 1770—1831
大塩中斎（おおしおちゅうさい） 1793—1837
曾国藩（そうこくはん） 1811—1872
元田永孚（もとだながざね） 1818—1891
西郷隆盛（さいごうたかもり） 1827—1877
西村茂樹（にしむらしげき） 1828—1902
西周（にしあまね） 1829—1897
吉田松陰（よしだしょういん） 1830—1859
三島毅（みしまき） 1830—1919
中村正直（なかむらまさなお） 1832—1891
高杉晋作（たかすぎしんさく） 1839—1867
井上毅（いのうえこわし）1843—1895
井上哲次郎（いのうえてつじろう） 1855—1944
康有為（こうゆうい） 1858—1927
ベルグソン 1859—1941
内村鑑三（うちむらかんぞう） 1861—1930
新渡戸稲造（にとべいなぞう） 1862—1933
内藤虎次郎（ないとうとらじろう） 1866—1934
服部宇之吉（はっとりうのきち） 1867—1939
高瀬武次郎（たかせたけじろう） 1868—1950
宇野哲人（うのてつと） 1875—1974
高橋亨（たかはしとおる）1878—1967
魯迅（ろじん） 1881—1936
熊十力（ゆうじゅうりき）1885—1968
張君勱（ちょうくんばい）1887—1969
蔣介石（しょうかいせき）1887—1975
毛沢東（もうたくとう） 1893—1976

陳真晟（ちんしんせい） 1411—1474
丘濬（きゅうしゅん） 1419—1495
了庵（りょうあん） 1425—1514
陳献章（ちんけんしょう）1428—1500
蔡清（さいせい） 1453—1508
王華（おうか） 1453—1522
董澐（とううん） 1457—1533
羅欽順（らきんじゅん） 1465—1547
湛若水（たんじゃくすい）1466—1560
王守仁（おうしゅじん） 1472—1528
王廷相（おうていそう） 1474—1544
林希元（りんきげん） 1482—1566
王艮（おうごん） 1483—1540
ルター 1483—1546
黄佐（こうさ） 1490—1566
劉文敏（りゅうぶんびん）1490—1572
銭徳洪（せんとくこう） 1496—1574
陳建（ちんけん） 1497—1567
王畿（おうき） 1498—1584
李滉（りこう） 1501—1570
顔鈞（がんきん） 1504—1596
羅汝芳（らじょほう） 1515—1588
梁汝元（りょうじょげん）（何心隠） 1517—1579
林兆恩（りんちょうおん）1517—1598
王時槐（おうじかい） 1522—1605
豊坊（ほうぼう） ?—?
奇大升（きだいしょう） 1527—1572
李贄（りし） 1527—1602
成渾（せいこん） 1535—1598
許孚遠（きょふえん） 1535—1604
李珥（りじ） 1536—1584
焦竑（しょうこう） 1540—1620
楊起元（ようきげん） 1547—1599
周汝登（しゅうじょとう）1547—1629
馮従吾（ふうじゅうご） 1556—1627
藤原惺窩（ふじわらせいか） 1561—1619
徐光啓（じょこうけい） 1562—1633
劉宗周（りゅうそうしゅう） 1578—1645
林羅山（はやしらざん） 1583—1657
黄尊素（こうそんそ） 1584—1626
朱舜水（しゅしゅんすい）1600—1682
中江藤樹（なかえとうじゅ） 1608—1648
池田光政（いけだみつまさ） 1609—1682
黄宗羲（こうそうぎ） 1610—1695
保科正之（ほしなまさゆき） 1611—1672
顧炎武（こえんぶ） 1613—1682
黄宗炎（こうそうえん） 1616—1686
山崎闇斎（やまざきあんさい） 1618—1682
熊沢蕃山（くまざわばんざん） 1619—1691
王夫之（おうふうし） 1619—1692
木下順庵（きのしたじゅんあん） 1621—1698
山鹿素行（やまがそこう）1622—1685
湯斌（とうひん） 1627—1687
伊藤仁斎（いとうじんさい） 1627—1705
徳川光圀（とくがわみつくに） 1628—1700
徐乾学（じょけんがく） 1631—1694
万斯同（ばんしどう） 1638—1702
李光地（りこうち） 1642—1718
徳川綱吉（とくがわつなよし） 1646—1709
張伯行（ちょうはくこう）1651—1725

謝良佐（しゃりょうさ）　1050—1103
楊時（ようじ）　1053—1135
圜悟克勤（えんごこくごん）　1063—1135
羅従彦（らじゅうげん）　1072—1135
朱震（しゅしん）　1072—1138
宋哲宗（そうてっそう）　1076—1100
宋徽宗（そうきそう）　1082—1135
呂本中（りょほんちゅう）1084—1145
大慧宗杲（だいえそうこう）　1089—1163
秦檜（しんかい）　1090—1155
李侗（りとう）　1093—1163
張九成（ちょうきゅうせい）　1092—1159
朱松（しゅしょう）　1097—1143
張浚（ちょうしゅん）　1097—1164
胡宏（ここう）　1106—1162
宋孝宗（そうこうそう）　1127—1194
何鎬（かこう）　1128—1175
朱熹（しゅき）　1130—1200
陸九韶（りくきゅうしょう）　?—?
陸九齢（りくきゅうれい）1132—1180
張栻（ちょうしょく）　1133—1180
蔡元定（さいげんてい）　1135—1198
呂祖謙（りょそけん）　1137—1181
陸九淵（りくきゅうえん）1139—1192
栄西（えいさい）　1141—1215
楊簡（ようかん）　1141—1226
陳亮（ちんりょう）　1143—1194
黄裳（こうしょう）　1146—1194
黄榦（こうかん）　1152—1221
朱塾（しゅじゅく）　1153—1191
朱埜（しゅや）　1154—1211
陳淳（ちんじゅん）　1159—1223
鄭南升（ていなんしょう）　?—?
黄士毅（こうしき）　?—?
蔡沈（さいちょう）　1167—1230
朱在（しゅざい）　1169—?
真徳秀（しんとくしゅう）1178—1235
朱鋸（しゅきょ）　?—?
白玉蟾（はくぎょくせん）（葛長庚）　1194—1229?
道元（どうげん）　1200—1253
円爾（えんに）　1202—1280
朱淵（しゅえん）　?—?
許衡（きょこう）　1209—1281
賈似道（かじどう）　1213—1275
クビライ　1215—1294
黎靖徳（れいせいとく）　?—?
郭守敬（かくしゅけい）　1231—1316
文天祥（ぶんてんしょう）1236—1283
呉澄（ごちょう）　1249—1333
後醍醐天皇（ごだいごてんのう）　1288—1339
北畠親房（きたばたけちかふさ）　1293—1354
宋濂（そうれん）　1310—1381
明洪武帝（みんこうぶてい）　1328—1398
李成桂（朝鮮太祖）（りせいけい）　1335—1408
鄭道伝（ていどうでん）　?—1398
鄭夢周（ていぼうしゅう）1337—1392
方孝孺（ほうこうじゅ）　1357—1402
明永楽帝（みんえいらくてい）　1360—1424
明建文帝（みんけんぶんてい）　1383—1402
薛瑄（せつせん）　1389—1464
呉与弼（ごよひつ）　1391—1469
世宗（朝鮮）（せそう）　1398—1450

人物生卒

生年順

孔子（こうし）	551／552—479 BC
老子（ろうし）	？—？
曾子（そうし）	505 BC—？
釈迦（しゃか）	463—383 BC
アリストテレス	384—322 BC
孟子（もうし）	372—289 BC
秦始皇帝（しんしこうてい）	259—210 BC
服虔（ふくけん）	190 頃活躍
鄭玄（じょうげん）	128—200
劉備（りゅうび）	161—223
後漢献帝（ごかんけんてい）	180—234
曹丕（そうひ）	187—226
王弼（おうひつ）	226—249
王羲之（おうぎし）	321—379
廬山慧遠（ろざんえおん）	334—416
唐太宗（とうたいそう）	598—649
則天武后（そくてんぶこう）	624—705
唐高宗（とうこうそう）	628—683
唐玄宗（とうげんそう）	685—762
韓愈（かんゆ）	768—824
李翺（りこう）	772—841
劉禹錫（りゅううしゃく）	772—842
唐武宗（とうぶそう）	814—846
陳摶（ちんたん）	？—989
宋太宗（そうたいそう）	939—997
种放（ちゅうほう）	956—1015
孫奭（そんせき）	962—1033
宋真宗（そうしんそう）	968—1022
楊億（ようおく）	974—1020
呂夷簡（りょいかん）	979—1044
范仲淹（はんちゅうえん）	989—1052
孫復（そんふく）	992—1057
胡瑗（こえん）	993—1059
石介（せきかい）	1005—1045
欧陽脩（おうようしゅう）	1007—1072
契嵩（かいすう）	1007—1072
蘇洵（そじゅん）	1009—1066
宋仁宗（そうじんそう）	1010—1063
邵雍（しょうよう）	1011—1077
周敦頤（しゅうとんい）	1017—1073
陳襄（ちんじょう）	1017—1080
司馬光（しばこう）	1019—1086
張載（ちょうさい）	1020—1077
王安石（おうあんせき）	1021—1086
呂大鈞（りょたいきん）	1031—1082
宋英宗（そうえいそう）	1032—1067
程顥（ていこう）	1032—1085
程頤（ていい）	1033—1107
蘇軾（そしょく）	1036—1101
蘇轍（そてつ）	1039—1112
呂大臨（りょたいりん）	1040—1092
王雱（おうほう）	1044—1076
宋神宗（そうしんそう）	1048—1085

は 行

ま 行

や 行

ら 行

た　行

な　行

さ　行

人名索引

朱熹と王守仁を除く。

あ 行

か 行

た　行

な　行

は　行

ま　行

ら　行

書名索引

あ 行

か 行

さ 行

ま・や行

ら　行

た　行

な　行

は　行

さ 行

事項索引

朱子学・陽明学・儒教は除く。

本書は、二〇〇四年三月、放送大学教育振興会より刊行されたものを加筆訂正した。

ちくま学芸文庫

朱子《しゅし》学《がく》と陽明《ようめい》学《がく》

二〇一三年九月十日　第一刷発行
二〇二〇年二月五日　第七刷発行

著　者　小島毅（こじま・つよし）

発行者　喜入冬子
発行所　株式会社 筑摩書房
東京都台東区蔵前二―五―三　〒一一一―八七五五
電話番号　〇三―五六八七―二六〇一（代表）

装幀者　安野光雅
印刷所　三松堂印刷株式会社
製本所　三松堂印刷株式会社

ISBN978-4-480-09569-5 C0110